Processos básicos de

Contabilidade e custos

uma prática saudável para administradores

O selo DIALÓGICA da Editora InterSaberes faz referência às publicações que privilegiam uma linguagem na qual o autor dialoga com o leitor por meio de recursos textuais e visuais, o que torna o conteúdo muito mais dinâmico. São livros que criam um ambiente de interação com o leitor – seu universo cultural, social e de elaboração de conhecimentos –, possibilitando um real processo de interlocução para que a comunicação se efetive.

José Carlos Cortiano

Processos básicos de contabilidade e custos
uma prática saudável para administradores

Rua Clara Vendramin, 58 . Mossunguê
CEP 81200-170 . Curitiba . PR . Brasil
Fone: (41) 2106-4170
www.intersaberes.com
editora@editoraintersaberes.com.br

Conselho editorial	Dr. Ivo José Both (presidente)
	Dr.ª Elena Godoy
	Dr. Neri dos Santos
	Dr. Ulf Gregor Baranow
Editora-chefe	Lindsay Azambuja
Supervisora editorial	Ariadne Nunes Wenger
Analista editorial	Ariel Martins
Capa	Sílvio Gabriel Spannenberg
Projeto gráfico	Raphael Bernadelli

Dados Internacionais de Catalogação na Publicação (CIP)
(Câmara Brasileira do Livro, SP, Brasil)

Cortiano, José Carlos
   Processos básicos de contabilidade e custos: uma prática saudável para administradores/José Carlos Cortiano. Curitiba: InterSaberes, 2014. (Série Gestão Financeira).

   Bibliografia.
   ISBN 978-85-443-0086-2

   1. Contabilidade 2. Contabilidade de custos 3. Contabilidade gerencial I. Título. II. Série.

14-09105   CDD-657

Índice para catálogo sistemático:
1. Contabilidade 657

1ª edição, 2014.
Foi feito o depósito legal.

Informamos que é de inteira responsabilidade do autor a emissão de conceitos.

Nenhuma parte desta publicação poderá ser reproduzida por qualquer meio ou forma sem a prévia autorização da Editora InterSaberes.

A violação dos direitos autorais é crime estabelecido na Lei n. 9.610/1998 e punido pelo art. 184 do Código Penal.

Sumário

Dedicatória • 9
Agradecimento • 11
Apresentação • 15
Como aproveitar ao máximo este livro • 17
Introdução • 21

I

Gestão da contabilidade de custos • 31
1.1 Breve histórico da contabilidade de custos • 34
1.2 Contabilidade e gestão de custos • 34
1.3 Recursos financeiros e sua aplicação • 43
1.4 Identificação dos custos de um produto • 45
1.5 Classificação da contabilidade de custos • 48

2

Informações básicas sobre contabilidade • 57

2.1 Envolvimento e integração da contabilidade • 60
2.2 Conceitos básicos de contabilidade • 61
2.3 Composição contábil de uma empresa • 64
2.4 Ferramentas e técnicas utilizadas na contabilidade • 71

3

Plano de contas: contas, subcontas e sua natureza • 77

3.1 Contas • 79
3.2 Plano de contas e sua estruturação • 80
3.3 Estrutura de um Balanço Patrimonial • 81
3.4 Conta do Ativo circulante • 84
3.5 Ativo realizável a longo prazo • 93
3.6 Ativo permanente • 94

4

Contas do Passivo, contas redutoras de valores (Depreciação, Amortização e Exaustão) e Demonstração do Resultado do Exercício DRE • 103

4.1 Contas redutoras de valores • 105
4.2 Formação das contas do Passivo • 119
4.3 Demonstração do Resultado do Exercício (DRE) • 120

5

Lançamentos contábeis • 131

5.1 Lançamentos contábeis pelo método das partidas dobradas • 134
5.2 Lançamentos contábeis e legislação • 136
5.3 Caracterização de algumas despesas • 140
5.4 Situação contábil dos créditos de uma empresa • 142
5.5 Modelo de plano de contas • 144

6

Gerenciamento de custos • 155

6.1 Metas e estratégia empresarial para o crescimento sustentado • 159

6.2 Custos de alguns serviços de uso amplo • 171

Para concluir... • 181

Referências • 183

Anexo • 189

Respostas • 203

Sobre o autor • 211

Dedicatória

Dedico esta obra a todas as pessoas que me amam de forma incondicional e que sempre souberam compreender e perdoar minhas imperfeições.
Aos meus pais, pela vida e pelo incentivo, e aos meus irmãos e familiares, que sempre me apoiaram e confiaram plenamente em meu trabalho.

Agradecimento

Agradeço aos meus amigos e colaboradores do Instituto Brasileiro de Pós-Graduação e Extensão (Ibpex), que, com incentivo e amizade, fizeram com que esta obra pudesse ser concluída.

"A simplicidade é o último degrau

da sabedoria".

Kalil Gibran

Apresentação

Não pensei em desenvolver este trabalho com o objetivo de ser o melhor, e sim com o intuito de ser prático. Atuando como professor no curso de Administração por vários anos, observei a dificuldade dos alunos dessa área em compreender o significado e a importância das informações contábeis para a tomada de decisão. Como docente, pude sentir o drama dos alunos que ingressavam nas universidades sem conhecimento algum da disciplina de Contabilidade e de suas interligações com os processos de gestão, por não atuarem diretamente na área. Alguns nunca ouviram falar sobre esse assunto, outros o entendem superficialmente e poucos conhecem o básico sobre ele – esse é o problema.

Após avaliar esse cenário que se configura no início das atividades acadêmicas, especificamente na disciplina de Gestão em Contabilidade, ocorreu-me a ideia de fazer um trabalho que considerasse a real necessidade desses alunos. E qual é essa necessidade? Eles não serão contabilistas, mas precisam compreender e utilizar as informações geradas pela contabilidade.

Utilizei, para realizar esse intento, uma linguagem simples, direta e objetiva – fácil para a pesquisa e a prática. Os assuntos são tratados de forma simplificada, mas sem perder o teor, a consistência e a importância.

Para facilitar a leitura, apresento como capítulo introdutório um manual de termos contábeis que circulam nos ambientes de gestão. Na sequência, exponho conceitos relacionados com a gestão de custos propriamente dita, para fazer a conexão com tópicos de contabilidade. Esse processo gradativo de introdução no universo contábil permite que o aluno desenvolva um aprendizado sobre custos e sua importância como ferramenta gerencial para a tomada de decisão. Para ampliar e permitir uma análise ética do papel da contabilidade em uma empresa, completo o estudo com um anexo sobre os princípios da contabilidade.

Espero, com esse material, colaborar com os próximos alunos de contabilidade, para que eles tenham acesso a informações que facilitarão o entendimento da disciplina e, principalmente, a prática da gestão. Além disso, sem falsa modéstia, tenho a convicção de que este livro ajudará aqueles que já tiveram dificuldade para interpretar os temas contábeis e de custos. É uma obra simples, mas bem direcionada, com comunicação direta e objetiva.

Como aproveitar ao máximo este livro

Este livro traz alguns recursos que visam enriquecer o seu aprendizado, facilitar a compreensão dos conteúdos e tornar a leitura mais dinâmica. São ferramentas projetadas de acordo com a natureza dos temas que vamos examinar. Veja a seguir como esses recursos se encontram distribuídos no decorrer desta obra.

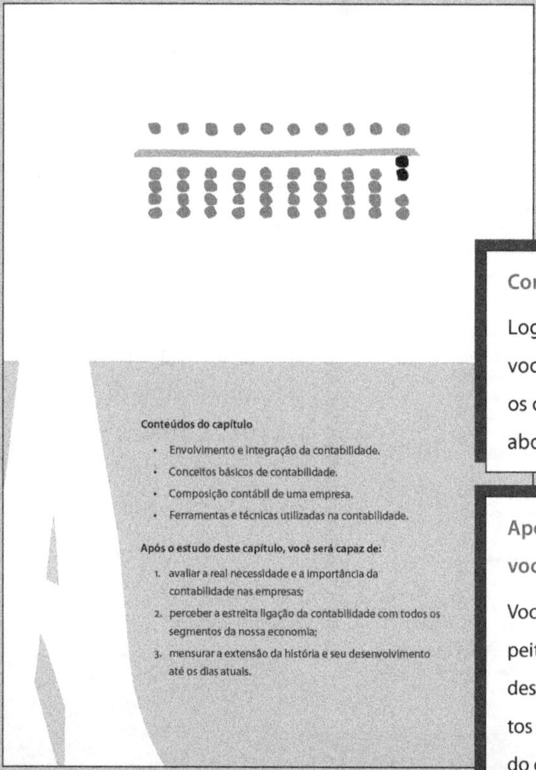

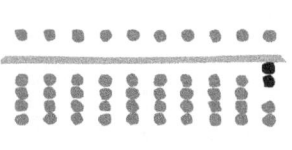

Conteúdos do capítulo

- Envolvimento e integração da contabilidade.
- Conceitos básicos de contabilidade.
- Composição contábil de uma empresa.
- Ferramentas e técnicas utilizadas na contabilidade.

Após o estudo deste capítulo, você será capaz de:

1. avaliar a real necessidade e a importância da contabilidade nas empresas;
2. perceber a estreita ligação da contabilidade com todos os segmentos da nossa economia;
3. mensurar a extensão da história e seu desenvolvimento até os dias atuais.

Conteúdos do capítulo

Logo na abertura do capítulo, você fica conhecendo os conteúdos que serão abordados.

Após o estudo deste capítulo, você será capaz de:

Você também é informado a respeito das competências que irá desenvolver e dos conhecimentos que irá adquirir com o estudo do capítulo.

Síntese

Identificamos, neste capítulo, definições mais direcionadas sobre a formação das contas do ativo e algumas definições técnicas. Ficou evidenciada a formação das principais contas e sua localização em uma estrutura contábil.

Destacamos também a participação do Estado (por meio de órgãos fiscalizadores) no comportamento e no acompanhamento dessas contas, ao ditar regras e normas de funcionamento.

Síntese

Você dispõe, ao final do capítulo, de uma síntese que traz os principais conceitos nele abordados.

Questões para revisão

1. A receita líquida de vendas corresponde à:
   a) receita bruta de vendas ou serviços menos custo das mercadorias vendidas.
   b) receita bruta de vendas ou serviços menos despesas operacionais.
   c) receita bruta de vendas ou serviços menos impostos sobre as vendas.
   d) receita bruta de vendas ou serviços menos Imposto de Renda (IR) e Contribuição Social sobre o Lucro (CSLL).
   e) receita bruta de vendas ou serviços menos CPV.

2. Assinale as taxas corretas da depreciação dos bens registrados no ativo permanente imobilizado (conforme legislação vigente):
   a) Veículos – 20%; móveis – 10%; máquinas – 20%; computador – 20%; equipamentos – 10%.
   b) Veículos – 20%; móveis – 10%; máquinas – 10%; computador – 10%; equipamentos – 10%.
   c) Veículos – 10%; móveis – 10%; máquinas – 10%; ferramentas – 10%; computador – 20%.
   d) Veículos – 10%; móveis – 10%; máquinas – 10%; ferramentas – 10%; computador – 10%.
   e) Veículos – 20%; móveis – 10%; máquinas – 10%; ferramentas – 10%; computador – 20%.

3. Considere as informações contábeis a seguir, referentes aos bens do ativo imobilizado adquiridos no ano de 200x:
   - Edificações no valor de R$ 130.000,00, ativadas em 16/03/201x.
   - Veículo no valor de R$ 47.000,00, ativado em 11/01/201x.
   - Móveis no valor de R$ 80.000,00, ativados em 16/07/201x.
   - Máquina no valor de R$ 154.000,00, ativada em 12/06/201x.

Questões para revisão

Com estas atividades, você tem a possibilidade de rever os principais conceitos analisados. Ao final do livro, o autor disponibiliza as respostas às questões, a fim de que você possa verificar como está sua aprendizagem.

Saiba mais

Para saber mais sobre o assunto tratado neste capítulo, o aluno deve fazer pesquisa em outras obras. Dessa forma, outras bibliografias poderão ser pesquisadas para a construção do conhecimento, entre as quais está a seguinte obra:

RIBEIRO, O. **Contabilidade de custos fácil**. São Paulo: Saraiva, 2012.

Saiba mais

Você pode consultar as obras indicadas nesta seção para aprofundar sua aprendizagem.

Introdução

Esta introdução tem o objetivo de familiarizá-lo com o universo da linguagem da contabilidade e dos custos. É um capítulo distinto, totalmente diferenciado. Trata-se de um glossário, ou manual, para facilitar a leitura desta e de outras obras e, principalmente, para habilitar a vivência no ambiente da prática da gestão contábil e de custos. Alguns termos e expressões serão amplamente utilizados neste estudo que ora iniciamos, outros não – mas com certeza estarão presentes em seu ambiente de trabalho.

Termos usuais em contabilidade

Avaliação dos custos – É o registro dos valores e dos gastos realizados sob a forma de custos – diretos e indiretos, fixos e variáveis – para que sejam alocados nas áreas envolvidas e nos produtos fabricados.

Análise de custo-volume-lucro (CVL) – Avalia o comportamento das receitas totais, dos custos totais e do lucro operacional em comparação ao nível de produção, no preço praticado, no custo variável por unidade e/ou nos custos fixos de um produto.

Balanced scorecard – É a estrutura para a implementação do planejamento estratégico da empresa por meio de um conjunto de indicadores de desempenho.

Benchmarking – É o processo de comparação dos níveis de desempenho próprio com o mercado, na busca de melhoria produtiva e de qualidade.

Cadeia de suprimentos – Destaca a fonte de materiais, produtos e serviços, além de todas as informações de logística até a entrega dos produtos ao consumidor.

Capacidade ociosa – É o indicativo das unidades que a empresa está deixando de produzir comparativamente à planta instalada ou à capacidade total instalada – máquinas mais mão de obra contratada.

Centro de custos – É a unidade mínima de uma estrutura para registro de todos os fatos geradores de custo.

Centro de lucros – Identifica o centro gerenciador responsável pelas receitas e pelos custos.

Contabilidade de custos – Registra todos os valores e as informações financeiras e não financeiras – em sentido gerencial – relativos ao esforço da empresa para a obtenção do produto transformado ou do serviço prestado.

Contabilidade financeira – Registra todas as informações de crescimento e destaca o rumo, a lucratividade e o desempenho da empresa para investidores, sócios e acionistas.

Contabilidade gerencial – Está voltada às informações contábeis, úteis e necessárias para os administradores tomarem decisões na empresa.

Custeio baseado em atividades (ABC) – Identifica e determina o custo com base em cada atividade executada na empresa. Para esse tipo de custeio, qualquer atividade executada tem uma carga de tempo (hora), e essa hora tem um custo. Esse processo detalha com riqueza onde estão sendo consumidos os valores investidos pela empresa para a produção ou para a manutenção do processo e da estrutura.

Custeio-padrão – Por esse método, cria-se uma padronização de custos, com base em dados históricos, que são aplicados ao processo ou aos produtos. A base é prefixada, o que faz com que a empresa saiba o valor do produto antes mesmo de produzi-lo. Os ajustes são feito nos períodos posteriores.

Custeio por absorção – Nesse método de custeio, como o próprio nome indica, a matéria-prima, ao passar pelos diversos centros produtivos, absorverá todos os custos daquela área até chegar ao processo final.

Custeio variável – Nesse método de custeio do estoque, somente os custos variáveis de materiais diretos são incluídos como custos do produto.

Custo – É o valor sacrificado para obtenção de um produto ou serviço.

Custo de produtos fabricados – Custo de produtos produzidos até o término do ciclo de produção, independentemente de eles terem sido iniciados antes ou durante o período contábil atual.

Custo de reposição – Avaliação de Ativos com base no custo para comprá-los hoje, de modo que seja idêntico ao Ativo atualmente possuído, ou o custo de comprar um Ativo que proporcione serviços como o atualmente possuído, caso um Ativo idêntico não possa ser comprado.

Custo fixo – É aquele que permanece inalterado no total por um dado período de tempo, independentemente do volume ou da quantidade produzida.

Custo unitário – É o custo apurado por unidade produzida, depois que todos os custos, diretos e indiretos, são aplicados ao processo de produção. Pode também ser classificado como *custo médio de produção*.

Custos comuns – São aqueles compartilhados por um só produto ou processo ou por uma etapa do processo. Por exemplo: a pasteurização de leite, a qual no início é apenas pasteurização, porém depois, no decorrer do processo, pode ter o fluxo de produção separado, em parte para produção de requeijão, e em outra para produção de leite desnatado.

Custos da qualidade – São valores despendidos pela empresa por falha na qualidade.

Custos de aquisição – São os valores pagos pela empresa pelo produto que entrou, para que seja transformado em outro produto, incluindo os custos acessórios de frete, seguro e transporte.

Custos de falhas externas – São custos incorridos em um produto defeituoso após este sair da empresa. Esse processo é o famoso *recall*, que funciona como uma tentativa de limitar a responsabilidade por negligência corporativa e aprimorar ou evitar danos à publicidade da empresa.

Custos de falhas internas – São custos relativos a um produto defeituoso, antes de ele ser colocado no mercado consumidor.

Custos de mão de obra direta – São os valores pagos a título de remuneração (salário) de toda a mão de obra de produção.

Custos de materiais diretos – Custos de aquisição de todos os materiais que eventualmente se tornem parte do objeto de custo (produtos em processo e, depois, produtos finalizados) e que podem ser rastreados para o objeto de custo de modo economicamente viável.

Custos indiretos de fabricação – São todos aqueles valores correspondentes a gastos feitos, os quais não se sabe, a princípio, quem utilizou – a empresa sabe somente o quanto pagou. Esses custos deverão ser apropriados pelo sistema de rateio.

Custos para estocar – Custos para manter volumes estocados para venda.

Custos primários – São os custos diretos de fabricação.

Departamentos de apoio – São os departamentos auxiliares ou de ajuda a outros departamentos internos.

Engenharia de valor – Corresponde à avaliação sistemática de todos os aspectos das funções do negócio da cadeia de valor, com o objetivo de reduzir custos sem perder a qualidade.

Estoque de materiais diretos – São materiais consumidos de forma direta no processo produtivo de uma empresa e importantes para a fabricação do produto.

Estoque de produtos acabados – São produtos prontos para serem colocados à disposição do cliente e serem vendidos.

Estoque de segurança – Composto de produtos que ficam em uma linha de segurança (para não faltar), sendo mantidos em todos os momentos, independentemente da quantidade de estoque pedido.

Gargalo – Ocorre quando, em determinado ponto de produção, a capacidade regular de produção excede a capacidade disponível para sua continuidade, por problemas de máquinas (MOD) ou de processo.

Gestão de custos – É o processo decisório de controle e planejamento da empresa que visa maximizar os resultados ou a lucratividade da empresa por meio de uma boa gestão dos custos.

Gestão estratégica de custos – É um processo de gestão de custos direcionado para o setor de estratégia da empresa.

Grau de alavancagem operacional – Margem de contribuição dividida pelo lucro operacional em qualquer nível de vendas.

Investimento – Valor gasto para obter renda – compra de máquinas e equipamentos, por exemplo.

Margem de contribuição – É a parcela da venda que sobra para a cobertura dos custos fixos e para a formação da receita.

Margem de contribuição unitária – Diferença entre o preço de venda e o custo unitário variável de cada produto fabricado.

Orçamento financeiro – Parte do orçamento geral que aborda o impacto de operações e os desembolsos planejados de capital sobre o caixa. Consiste no orçamento de dispêndios de capital, no orçamento de caixa, no balancete orçado e na demonstração de fluxos de caixa orçados.

Orçamento flexível – Orçamento elaborado usando receitas e custos orçados com base no nível real de produção no período orçamentário.

Orçamento geral – Expressão dos planos operacionais e financeiros para um período especificado (normalmente um ano). Constitui-se de um conjunto de demonstrações financeiras orçadas, também chamado de demonstrações *pro forma*.

Overhead – Expressão inglesa utilizada para designar o conjunto de despesas da administração que dá suporte ao processo produtivo.

Ponto de equilíbrio – É o momento em que a empresa consegue cobrir todos os custos fixos e obter lucro igual a zero. A partir da próxima unidade vendida, depois do ponto de equilíbrio, com certeza haverá lucro.

Ponto de separação – É a ocasião (espaço de tempo) em que a produção de um produto passa para o processo seguinte, transformando-se em dois processos ou produtos distintos. Nesse momento, os custos inerentes a cada um podem ser identificados e apropriados individualmente.

Precificação da hora do pico – É uma forma de cobrar um preço mais alto pelo mesmo produto ou serviço. Ocorre quando a demanda se aproxima do limite físico da capacidade de produzir aquele produto ou serviço.

Precificação de acordo – Acordo entre empresas para precificação e produção na tentativa de conseguir um preço acima do competitivo para restringir o mercado.

Precificação predatória – Ocorre quando uma empresa precifica abaixo dos seus custos na tentativa de derrubar a concorrência e depois voltar ao preço anterior de mercado, quando a demanda aumentar.

Processo *just in time* (JIT) – Processo produtivo elaborado conforme a demanda para atender os clientes – também denominado *produção enxuta*.

Produtos semiacabados – São produtos ainda em processo de produção ou fabricação, o que significa que estão sendo trabalhados e passando por algum estágio do processo produtivo.

Rastreamento de custos – Identifica e descreve o registro e a distribuição de custos diretos para área, setor ou produto de forma específica.

Rateio – Divisão das despesas e dos custos indiretos para os diversos centros da estrutura por meio de critérios preestabelecidos pela empresa. Esse fato ocorre no processo produtivo e de apoio.

Receitas – Entrada de recursos via faturamento de produtos e serviços da empresa ou de outra fonte de renda – aplicação financeira, por exemplo.

Redução da estrutura ou de custos (*downsizing*) – Retrata a decisão de encolher a estrutura para otimizar processos, resultado e lucro, tornando a empresa mais enxuta e funcional.

Retorno sobre o investimento (ROI) – Indicativo financeiro com base em dados de resultado da empresa. Uma medida contábil de lucro dividida por uma medida contábil de investimento.

Retrabalho – Ocorre quando em algum momento o produto ou serviço não foi produzido de acordo com as especificações, necessitando de reparos ou ajustes.

Sistema de custeio por ordem de serviço – Esse tipo de custeio só ocorre quando é dada a ordem de fabricação pelo cliente. É a conhecida *ordem de serviço*. Um exemplo simples é a autorização para o marceneiro fazer um móvel sob medida.

Sistema de custeio por processo – É o sistema de custeamento de produção contínua e em massa de produtos ou serviço iguais.

Subprodutos – Produtos oriundos de um processo conjunto de fabricação com valor baixo de venda, se comparado ao de venda do produto principal ou dos produtos conjuntos.

Sucata anormal – Perda que não surgiria em condições operacionais eficientes. Ela não é inerente a um processo específico de produção.

Sucata normal – Perda inerente a um processo específico de produção que ocorre mesmo sob condições eficientes de operação.

Sucateamento – Unidades de produção que não satisfazem os padrões exigidos pelos clientes, sendo descartadas ou vendidas a preços reduzidos.

Taxa do custo indireto – Total de custos indiretos em um grupo de custos dividido pela quantidade total da base de alocação de custos para aquele grupo de custos.

Tempo parado – São valores pagos a título de salário em período de tempo improdutivo causado por falta de produção, quebra de máquina, falta de materiais, má programação, *setup* de máquinas etc.

Teoria das restrições – Indica meios para maximizar o lucro operacional quando a empresa enfrenta algumas operações com e sem gargalos.

Terceirização – É a contratação ou compra de bens e serviços de itens não produzidos pela empresa.

Valor contábil – É o custo histórico registrado na contabilidade subtraído do valor da depreciação acumulada de um Ativo.

Fonte: Adaptado de Horngren; Datar; Foster, 2004, p. 533-543.

Gestão da contabilidade de custos

I

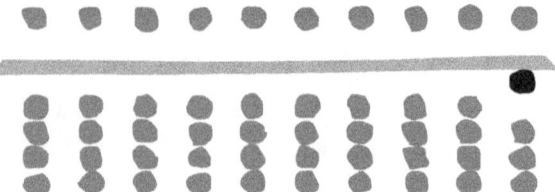

Conteúdos do capítulo

- Histórico da contabilidade de custos.
- Contabilidade e gestão de custos.
- Recursos financeiros e sua aplicação.
- Identificação dos custos de um produto.
- Classificação da contabilidade de custos.

Após o estudo deste capítulo, você será capaz de:

1. perceber a importância dos conceitos básicos de custos, bem como da sua aplicabilidade;
2. avaliar o conjunto de informações necessárias para a tomada de decisões.

Não há como uma empresa trabalhar sem conhecer, entender e controlar seus custos. Pois bem, a partir dessa premissa, poderemos pensar seriamente no processo de gestão e em uma eficaz administração com base nos custos.

Uma empresa precisa saber formular de forma correta o preço de venda – e, para isso, precisa saber quanto custa para produzir o seu produto ou executar um serviço. Nesse âmbito, a escolha de um modelo de gestão de custos determinará a utilização de uma metodologia de custeio.

Nesta obra, dedicaremos atenção especial ao estudo de aspectos da metodologia de custeio por absorção, como será detalhado mais adiante, por considerá-lo mais completo. No entanto, também serão abordados aspectos de outras metodologias (de custeio por atividade e por variável, por exemplo), além de suas respectivas inserções no amplo aspecto da gestão de custos.

O custeio por absorção é denominado por alguns de *custeio integral*, uma vez que nos apropriamos de todos os custos (diretos e indiretos, fixos e variáveis) para elaborar os cálculos.

1.1 Breve histórico da contabilidade de custos

Até a Revolução Industrial, os pequenos comércios e empórios usavam uma forma simples de apurar o custo da mercadoria vendida, com base no seguinte cálculo:

> Estoque Inicial + Compras (–) Estoque Final = Custo das Mercadorias Vendidas

No Brasil, o controle mais efetivo dos custos aconteceu após a **entrada de recursos em abundância, na década de 1970**, conhecida como a época do *milagre brasileiro*. Havia recurso disponível para quem tivesse em sua contabilidade um sistema que determinasse e indicasse de forma clara os custos incorridos.

As empresas eram obrigadas, então, a implantar um controle efetivo sobre os seus custos, os quais estavam ligados à contabilidade, daí a denominação *contabilidade de custos*.

> **IMPORTANTE**
>
> A partir daí, a contabilidade de custos passou a ser uma ferramenta imprescindível para que os administradores tivessem informações precisas e conhecimento suficiente de quanto estava custando transformar o seu produto ou prestar um serviço com garantia de lucro.

1.2 Contabilidade e gestão de custos

A contabilidade e a gestão de custos nas indústrias têm como principal função a avaliação de estoques. Trata-se de um procedimento muito mais complexo que o realizado nas empresas comerciais, pois envolve fatores de produção, tais como salários, aquisição e utilização de matérias-primas, entre outros.

Esses gastos relacionados aos fatores de produção devem ser incorporados ao valor dos estoques das empresas no processo produtivo, por ocasião do encerramento do balanço ou balancete, e separados em produtos acabados e produtos em elaboração.

A forma de avaliar os estoques nas empresas industriais segue a fórmula básica:

CPV = Estoques Iniciais + Gastos na Produção (–) Estoques Finais

Lucro Bruto = Vendas – Custos dos Produtos Vendidos

Nessa situação, ao diminuir o valor das receitas líquidas de vendas, obtém-se o resultado bruto industrial. Na sequência, ao deduzir as despesas operacionais do resultado bruto industrial, obtém-se o resultado líquido.

Ocorre que os custos de produção do período, que comportam todo o gasto incorrido com a produção industrial, foram **totalmente absorvidos pelos estoques finais de produtos ou pelo custo dos produtos vendidos**.

O modelo de custeio por absorção registra todos os custos despendidos a cada etapa do processo. Esse modelo fundamenta-se em dois princípios contábeis: princípio do registro pelo valor original e princípio da competência.

I. Princípio do registro pelo valor original – Os estoques das empresas são avaliados pelo custo de aquisição, não sendo corrigidos quanto à variação do preço dos fatores de produção entre a aquisição e o levantamento do Balanço Patrimonial.

II. Princípio da competência – Todos os gastos provenientes da produção que não possuem correspondência com as receitas obtidas pela empresa no período devem ser incorporados ao valor dos estoques.

Fonte: Adaptado de CFC, 2010

1.2.1 Finalidade da contabilidade

O objetivo da contabilidade para fins gerenciais em uma empresa abrange aspectos variados, os quais atendem a diferentes propósitos. Esses aspectos são separados da seguinte forma:

I. **Geral** – A preocupação é com milhares e complexas contas patrimoniais e de resultado.

II. **De custos** – A preocupação é com os registros de custos e com o controle de desempenho da atividade.

III. **Financeira** – Sua preocupação é com a geração de relatórios contendo informações voltadas a acionistas, credores, investidores e outros interessados em dados estatísticos.

IV. **Gerencial** – Tem como princípio trazer informações voltadas ao processo decisório. Indica, entre outras coisas:
- o rumo que a empresa está tomando;
- quais são os produtos produzidos e seu custo;
- o índice de perdas no processo produtivo;
- a quantidade de estoques de produtos acabados;
- a capacidade produtiva instalada.

1.2.2 Características e funções da contabilidade gerencial

Uma das carcterísticas da contabilidade gerencial é a flexibilidade, pois seu objetivo é atender às necessidades dos usuários internos da empresa. Assim, não é preciso levar em conta, de forma rígida, os princípios contábeis geralmente aceitos – as informações podem ser fornecidas de forma a atender aos interesses dos administradores.

Outra característica relacionada à contabilidade gerencial é ela ser um importante fator estratégico na tarefa de fornecer subsídios à administração da empresa; no entanto, embora seja **relativamente recente entre nós**, a contabilidade financeira é muito mais difundida e estudada.

1.2.3 Características e funções da contabilidade de custos

A contabilidade de custos, cuja função inicial era a de fornecer elementos para a avaliação dos estoques e a apuração do resultado, passou, nas últimas décadas, a prestar duas funções muito importantes na contabilidade gerencial: a utilização de dados de custos para auxílio ao controle e para a tomada de decisões.

Nas questões relativas ao controle, a função da contabilidade de custos é fornecer informações para o estabelecimento de padrões, orçamentos ou previsões e, na sequência, acompanhar o que aconteceu efetivamente com os valores previstos. Esse tipo de custeamento é chamado de *custeio padrão* e tem um papel muito importante no sentido de detectar ineficiências ou desperdícios nas atividades produtivas.

Com relação ao uso da contabilidade de custos na tomada de decisões, são considerados os dados de custeio variável, por fornecerem informações mais adequadas para as decisões.

> **IMPORTANTE**
>
> O sistema de custeio variável consiste, conforme Leone (1989), em tratar os custos fixos como despesas do exercício, independentemente da percentagem da produção que tenha sido vendida e da quantidade que tenha permanecido em estoque na empresa. Desse modo, os estoques finais não incorporarão todos os gastos efetivados na produção e serão avaliados por um valor menor que o correspondente ao custeio por absorção.

Diante disso, podemos questionar: Quais são os tipos de custos que a contabilidade considera para a tomada de decisão? Podemos considerar o seguinte:

a) existem tantos tipos de custos quantas forem as necessidades gerenciais;

b) são estabelecidos e agregados vários tipos de custos diferenciados em sua metodologia, os quais atendem às diferentes finalidades da administração.

Essas afirmações nada mais são que a constatação da veracidade do conceito moderno de *custos*, segundo o qual existem custos diferentes para atender a finalidades diferentes. Alguns tipos de custos são conhecidos, uma vez que sua determinação pela contabilidade é uma atividade repetitiva; outros tipos somente são levantados ou estabelecidos à medida que a administração da empresa necessita deles.

Por esse motivo, infelizmente não há uniformidade quanto ao uso dos termos técnicos relacionados aos conceitos de custos. Há muita divergência entre autores de diferentes estudos e diferentes especializações, os quais, na prática, usam os termos de modos diversos.

Para Martins (2010, p. 31), "os sistemas de custos precisam sempre levar em consideração a qualidade do pessoal envolvido em sua alimentação e em seu processamento, a necessidade de informação do usuário final, a adequacidade de sua adaptação às condições específicas da empresa."

Para Hansen e Mowem (2003, p. 37), não existe um único sistema de gestão de custos: "Custos importantes para uma empresa podem ser irrelevantes para outra. Da mesma forma, custos que são importantes em um contexto para uma empresa não são importantes em outra empresa. O detalhe é que precisamos de custos diferentes para propósitos diferentes".

Dessa forma, é muito importante que o contador de custos se certifique de que tanto ele quanto o pessoal que vai utilizar as informações relativas aos custos estejam de acordo quanto à nomenclatura, às necessidades da empresa e aos tipos de custos.

Os diversos estudiosos se preocupam em apresentar os tipos de custos segundo classificações que se destinam a atender a finalidades diferentes. No entanto, os custos podem ser englobados em três conjuntos:

I. **Custos para a determinação do lucro e a avaliação do patrimônio** – Agregam os custos históricos ou reais, os custos por natureza, o custo fabril, o custo primário, o custo de transformação, o custo dos produtos fabricados e o custo das mercadorias vendidas.

II. **Custos para controle das operações** – Abrangem os custos direto e indireto, o custo padrão, os custos estimados e o custo pela responsabilidade.

III. **Custos para planejamento e tomada de decisão** – Constituem-se dos custos fixos, dos custos variáveis e dos custos semivariáveis.

Outra classificação é a da Escola Moderna de Custos de Bierman e Dickman (1971), a qual tem como base métodos quantitativos, dividindo os custos da seguinte maneira:

- quanto ao seu comportamento diante do volume de atividade: fixo ou variável;
- quanto à responsabilidade: fábrica, departamento ou processo – centro de custos onde foi realizado;
- quanto ao produto ou serviço;
- quanto à habilidade de identificação do custo: direto e indireto;
- quanto à natureza: materiais, mão de obra, impostos etc.;
- quanto à função: fabris, administrativos, comerciais;
- quanto a uma decisão particular: custos conjuntos, custos comuns, custos de oportunidade, custos inevitáveis.

Já a Escola Tradicional Contábil de Matz e Usry (1980) classifica os custos:

- quanto à natureza do item: fabris, comerciais e administrativos;
- quanto ao período contábil em que é aplicado: custos capitalizáveis e custos consumidos;
- quanto à tendência em variar de acordo com o volume de atividade: custo fixo, custo variável e custo semivariável;
- quanto ao produto ou serviço: materiais, mão de obra, despesas gerais, custo primário e custo de transformação;
- quanto aos departamentos fabris: custos de serviços, custos operacionais, custos por responsabilidade, custos diretos e custos indiretos;
- quanto a planejamento e controle: custos estimados e padrões;
- quanto ao processo analítico: custos diferenciais, custos de oportunidade, custos relevantes, custos futuros, custos empatados.

Ainda, a Escola dos Métodos Quantitativos de Dopuch et al. (1974) também acrescenta a sua visão à classificação dos custos. Para eles, devemos classificá-los da seguinte maneira:

- pela relação custo-volume-lucro: custos fixos, variáveis semivariáveis e degraus;
- pela análise dos custos por unidade de custeio: custo por departamento, por produto, por centro de custos;
- pela análise dos custos por produto: custos primários, custos indiretos, custos diretos;
- pelo seu controle: custos controláveis e não controláveis;
- pela aplicação a decisões: custos incrementais, custos empatados, custos de oportunidade;
- por outras considerações: custos comuns, custos conjuntos.

Outra importante classificação foi feita por Charles T. Horngren, George Foster e Srikant Datar (2004), autores de um dos mais modernos livros de custos, pertencentes à escola que trata a contabilidade de custos como um sistema de informações gerenciais. Segundo eles, os custos podem ser divididos em:

- custos e mudanças na atividade: fixos e variáveis;
- custos unitários e totais;
- custos específicos: custo do produto e periódicos, custos fabris e não fabris, custo por natureza, custos diretos e indiretos, custos inventariáveis e periódicos.

No entanto, entendemos que a classificação apresentada por Buckley (1975) seja a mais útil para uma correta leitura da contabilidade de custos. Ela agrupa os custos em quatro condições/situações:

i. custos em relação ao período: custo histórico, custo empatado, custo estimado, custo padrão e custo periódico;

II. custos em relação à identificação: custos diretos, custos indiretos, custos do produto, custos primários, custos conjuntos e custos de subproduto;

III. custos em relação ao controle: custos controláveis, custos não controláveis, custos diferenciais ou marginais, custos imputados, custos adiáveis e custos desembolsados;

IV. custos em relação ao comportamento: custos fixos, custos variáveis e custos semivariáveis.

É possível observar que, apesar das diferentes nomenclaturas, as várias escolas chegam a um mesmo princípio, valendo-se determinados parâmetros para constituir sistemas de custos. Portanto, o maior desafio do administrador não é classificar os custos, mas sim definir de que forma obter os dados e utilizar as informações para atingir os objetivos, as metas e o planejamento como um todo.

> **IMPORTANTE**
>
> Os sistemas de custos não salvarão nenhuma empresa se os gestores não derem a importância devida aos relatórios gerados por esses sistemas. É comum empresários buscarem no mercado pacotes de sistemas para resolver seus problemas de custos sem levar em conta a história da empresa e suas peculiaridades. O sistema por si só não ajudará – uma vez que a disciplina e a mudança de cultura também são fatores primordiais para a fase de implantação.

Apesar de termos todo esse conhecimento a partir dos mais variados sistemas, devemos nos lembrar de que sempre iremos esbarrar no problema dos custos indiretos, os quais são repassados ao ciclo produtivo por um sistema de rateio. Nesse cenário, ainda devemos considerar que, pelo fato de não haver critério predeterminado ou padrão no mercado, cada empresa cria o seu padrão para uma distribuição justa dos custos indiretos. Ocorre, porém, que a empresa, ao determinar esses critérios, poderá fazê-lo de forma incorreta, cometendo equívocos e prejudicando todo o processo ou um produto específico, chegando muitas vezes a inviabilizar produtos rentáveis.

Com a globalização e a concorrência cada vez mais acirrada no que concerne aos preços, as empresas devem se voltar para a administração e para a gestão dos seus custos. Hoje, mais do que nunca, quem dita as regras de preços é o consumidor – razão pela qual a empresa se obriga a trabalhar com metas para baixar custos e permanecer no mercado. O preço de venda é, assim, determinado de fora para dentro da empresa.

1.3 Recursos financeiros e sua aplicação

Quando um recurso financeiro sai do caixa da empresa, ele tem três direções: custo, despesa e investimento.

> O que são custos, despesas e investimentos?

I. **Custos** – São os gastos consumidos na obtenção de um produto ou na execução de um serviço.

II. **Despesas** – São os gastos realizados para obtenção de receita e para administração da empresa.

III. **Investimentos** – Gastos realizados por uma empresa na aquisição de bens que serão ativados (máquinas, equipamentos, estrutura etc.).

Figura 1.1 – Saída de recursos financeiros do caixa

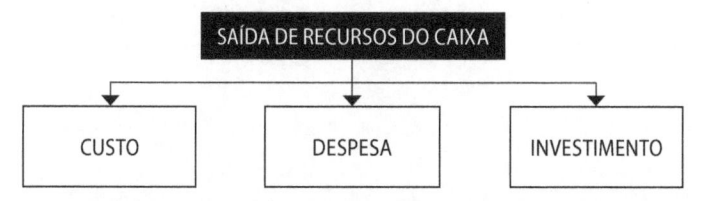

```
          SAÍDA DE RECURSOS DO CAIXA
         ┌──────────┬──────────┐
         ▼          ▼          ▼
       CUSTO     DESPESA   INVESTIMENTO
```

1.3.1 Custo × Despesas – Ocorrência de erros na classificação

Se houver uma classificação equivocada dos custos, esse fato pode alterar informações importantes para os administradores, uma vez que os custos devem receber um acompanhamento correto desde a origem até a aplicação ou a apropriação. Portanto, se ocorrer uma classificação incorreta dos custos, serão alterados:

- o custo unitário de produção;
- o preço de venda;
- os impostos sobre renda;
- o lucro;
- a maioria das informações gerenciais.

A forma incorreta de apropriação dos custos provoca consequências diretas e imediatas na:

- estocagem do produto (estocar despesas) e na baixa indevida dos custos;
- formação do preço de venda (para mais ou para menos);
- informação dos impostos a pagar;
- determinação do lucro (para mais ou para menos).

> **IMPORTANTE**
>
> Não podemos confundir saída de caixa para custo, despesa e investimento. Enquanto os gastos para custos são inerentes ao processo produtivo, a saída de caixa para pagamento das despesas presta-se a adequar a estrutura da empresa para a obtenção do lucro; já os gastos com investimentos são executados para dar suporte à estrutura produtiva e administrativa.

1.4 Identificação dos custos de um produto

Na formação de custo de um produto, devemos identificar e analisar vários fatores, pois se acumulam nesse processo diversos custos, como custos primários e custos de transformação, entre outros.

Se avaliarmos qualquer produto fabricado, perceberemos que sua base de constituição é a mesma, ou seja, os valores agregados são:

- matéria-prima;
- materiais ou insumos diretos;
- mão de obra direta;
- mão de obra indireta;
- custos ou gastos indiretos de fabricação.

1.4.1 Terminologia dos custos aplicados na contabilidade

Para facilitar o entendimento, na sequência vamos definir vários termos que usamos em contabilidade de custos, iniciando com os custos primários e de transformação.

I. **Custos primários** – São considerados como primários os custos necessários para o início do processo. Estão incluídos o custo da matéria a ser transformada e a mão de obra necessária para essa transformação.

II. **Custos de transformação** – São aqueles incorridos para transformar a matéria-prima em produto. Agregam o custo da mão de obra direta e os demais custos gerados no processo fabril.

Quanto aos tipos de custos, podemos considerar dois tipos:

I. **Custos diretos** – São aqueles de fácil identificação, motivo pelo qual são apropriados de forma direta aos centros consumidores dos custos, não necessitando de critérios de rateio.

II. **Custos indiretos** – São aqueles necessários à produção, porém não obtemos a identificação de quem de fato os consumiu e o quanto foi consumido. Sendo assim, a sua destinação necessita antes passar por um processo de rateio para depois serem apropriados aos respectivos centros envolvidos. Não é possível obter o consumo por unidade de produto; portanto, são custos apropriados aos produtos por intermédio de rateios. Por exemplo: depreciação, mão de obra indireta, seguros, entre outros.

Quanto à sua natureza, os custos podem ser fixos, variáveis e semivariáveis.

- **Custo fixo** – Esse tipo de custo não sofre qualquer alteração se os produtos forem ou não produzidos – portanto, independe da produção. Por exemplo: aluguel e depreciação.

- **Custo variável** – Ao contrário do custo fixo, o custo variável está intimamente ligado ao processo produtivo. Então, se houver uma ou mais unidades produzidas, haverá diferença no custo variável.

- **Custo semivariável** – Possui uma parte fixa (pagamento obrigatório) e outra parte variável pelo consumo realizado. Por exemplo: luz e água.

> Como podemos definir os componentes dos custos?

Os componentes dos custos podem ser definidos seguindo um princípio técnico de avaliação de valor ou de importância. Nesse contexto, temos a seguinte classificação:

- **Matéria-prima** – Compreende os materiais utilizados no processo de fabricação de um produto. Pode ser identificada pelo valor ou pela quantidade agregada.

- **Material direto ou indireto** – Compreende os materiais cujo consumo é necessário para a conclusão do produto.

- **Mão de obra direta** – Compreende os funcionários que trabalham diretamente no processo de transformação das matérias-primas em produtos.

- **Mão de obra indireta** – Compreende os funcionários que trabalham na divisão fabril, porém não atuam diretamente na transformação da matéria-prima em produto.

1.4.1.1 Critérios de rateio dos custos indiretos

Tratando-se de custo indireto, sabemos somente quanto foi o gasto, porém não sabemos quem de fato utilizou os recursos, daí a necessidade de nos valermos de mecanismos para a apropriação desses custos aos diversos usuários. Devemos estar atentos para o fato de que qualquer critério que utilizarmos poderá ser questionado pelos usuários, por conta de sua subjetividade e arbitrariedade.

Assim, considerando essa premissa, podemos definir que não há um critério uniforme ou padrão, mas sim critérios. Portanto, podemos utilizar o critério que melhor atenda à empresa ou mesmo criar critérios próprios; porém, sempre devemos ter meios de justificar cientificamente sua eficácia com princípios técnicos aceitáveis.

São critérios de uso comum no mercado:

- Hora/homem (H/H);
- Hora/máquina (H/M);
- Metragem quadrada (m^2);
- Funcionários (FUNC.);
- Porcentagem (%);
- Unidade produzida (Ups);
- Ponto de luz (PL);
- Outros.

1.5 Classificação da contabilidade de custos

A contabilidade de custos pode ser classificada em *sintética* e *analítica* – desmembrada em contabilidade setorial de custos e contabilidade de custos dos produtos. Nesses sistemas, vamos encontrar o processo de departamentalização.

> O que é departamentalização?

O termo *departamentalização* significa "separação", "identificação". Sendo assim, constitui a segregação de setores, departamentos, áreas, projetos, plantas, entre outros. Na departamentalização, a empresa separa os centros produtivos dos centros auxiliares – os produtivos dos não produtivos.

Para que possamos registrar todos os gastos da empresa com a transformação de produtos e também para a prestação de serviços, é necessária a separação da estrutura em unidades mínimas, denominadas *centros de custos*.

Esses centros de custos, ou de consumidores de custos, devem ser retratados e identificados no sistema alfanumérico. Por esse processo, fica fácil a correta apropriação dos custos diretos ou indiretos – uma vez que determina e separa áreas homogêneas entre si em unidades produtivas ou de apoio.

Figura 1.2 – Exemplo de departamentalização (contabilidade de custo sintético)

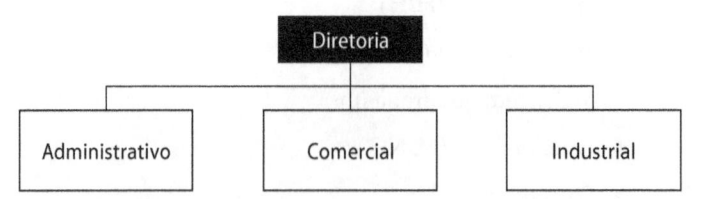

```
            Diretoria
    ┌───────────┼───────────┐
Administrativo Comercial  Industrial
```

Cada empresa deve constituir e adequar sua estrutura de centros de custos conforme a sua realidade, pois na prática não há um padrão de mercado em termos de separação e classificação.

1.5.1 Apropriação dos custos e suas fases

Podemos separar em três fases o processo de custos nas empresas. Primeiramente, os custos devem ser identificados; em segundo lugar, devem ser classificados conforme o tipo e a natureza; e em terceiro, haverá a apropriação correta desses custos em seus respectivos centros.

Para melhor visualização do assunto, elaboramos três quadros sínteses na sequência: fases dos custos; esquema de apropriação dos custos; custos e despesas no Demonstrativo de Resultado do Exercício (DRE).

Figura 1.3 – Fases dos custos

```
IDENTIFICAÇÃO DOS VALORES
          ↓
CLASSIFICAÇÃO DOS CUSTOS
   (DIRETOS E INDIRETOS)
          ↓
APROPRIAÇÃO AOS PRODUTOS
```

Figura 1.4 – Esquema de apropriação dos custos

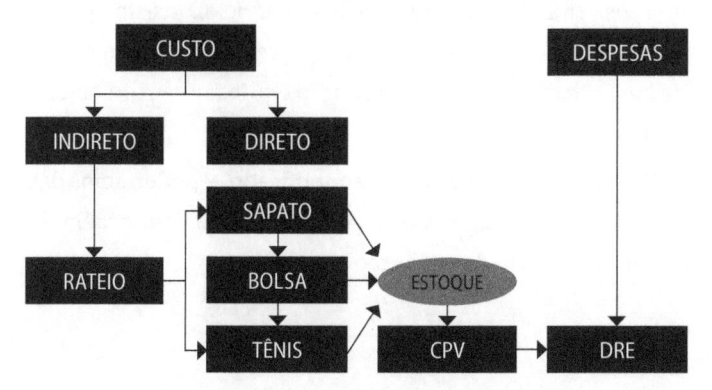

No DRE, é possível observar que, enquanto as despesas são levadas para despesas operacionais, os valores dos custos indicam quanto custou para a empresa o faturamento naquele período, como consta na Figura 1.5, a seguir. O estudo desses tópicos será retomado e ampliado nos próximos capítulos.

Figura 1.5 – Custos e despesas no DRE

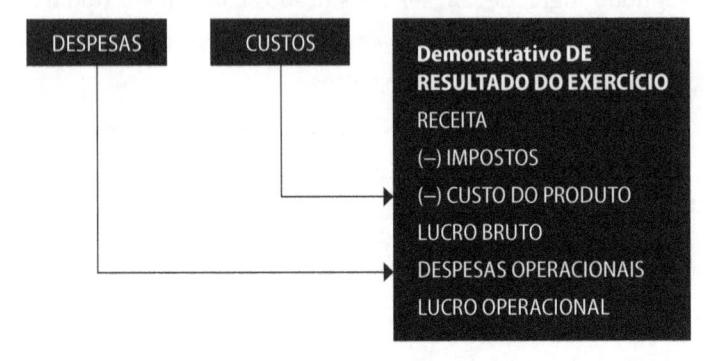

DESPESAS	CUSTOS	Demonstrativo DE RESULTADO DO EXERCÍCIO
		RECEITA
		(–) IMPOSTOS
	→	(–) CUSTO DO PRODUTO
		LUCRO BRUTO
→		DESPESAS OPERACIONAIS
		LUCRO OPERACIONAL

1.5.2 Sistemas de custos

Na contabilidade de custos, trabalhamos com sistemas de custos, que são divididos em sistema de custos por processo e sistema de custos por ordem de serviço ou ordem de produção.

> O que é o sistema de custos por processo?

É o sistema de acumulação de custos utilizado quando a empresa trabalha com produção em série. Consiste em acumular os custos em uma conta representativa de um centro de custos e dividi-los pela produção equivalente para obter o custo de uma unidade.

Por outro lado – e de modo simplificado –, poderíamos descrever as características do sistema de custos por ordem de serviço ou ordem de produção.

> Quais são as características do sistema de custos por ordem de serviço ou ordem de produção?

É o sistema de acumulação de custos utilizado quando as empresas trabalham por encomenda. Reconhece-se o custo de uma encomenda somente quando ela tiver sido concluída.

1.5.3 Método de custo

O método de custo usado na contabilidade de custos é o de apropriação, no qual encontramos alguns tipos de custeio:

I. **Custeio por absorção** – É o método de custeio que considera a matéria-prima como custo. A matéria-prima, ao passar pelos centros transformadores do produto, recebe todos os custos, diretos e indiretos, fixos e variáveis. O que é produto acabado para um centro passa a ser matéria-prima, na sequência, para o próximo centro, e assim sucessivamente até a fase final de todo o processo. Nesse tipo de custeio, os gastos não fabris (despesas) são excluídos.

> **IMPORTANTE**
>
> O custeio por absorção é o único aceito por auditoria externa. Isso porque ele é o único que atende aos princípios contábeis da realização da receita, da competência e da confrontação. Também é o único aceito pelo Imposto de Renda.

Fonte: CRC – PR, 2014.

II. **Custeio variável** – Neste método, pouco usado para fins gerenciais, somente os custos variáveis são apropriados ao produto.

III. **Custeio padrão** – O custeamento padrão é utilizado para fins gerenciais e para a tomada de decisões. Nesse processo, a empresa, com base em seu histórico produtivo, aplica os custos como se fosse uma projeção de valores, para posteriormente ajustar o valor de fato ocorrido. É CIF aplicado × **CIF real** (ver seção "Estabelecendo conexões" a seguir). Esse tipo de custeamento facilita sobremaneira o processo gerencial e a decisão, pois a empresa poderá antecipar o custo e a formação do preço de venda.

IV. **ABC/Custeio baseado em atividades** – Neste sistema, a empresa identifica todas as atividades geradoras de custo e as direciona para os usuários que de fato a consumiram. Em outras palavras, transforma custo indireto em atividades diretas. A implantação desse método é demorada e necessita de investimento alto, haja vista a demora para a formação do banco de dados das informações e das rotinas realizadas pelos funcionários.

················○ *Estabelecendo conexões* ○···············

CIF, abreviação da expressão inglesa *Cost, Insurance and Freight*, está relacionada ao pagamento de frete no transporte de mercadorias. A sigla é utilizada para distinguir, entre comprador e fornecedor, quem deve se responsabilizar pelos custos do frete ou quem responde pelos custos e riscos do transporte. Wolffenbüttel (2006) esclarece que, embora inicialmente essa sigla só fosse usada em transações de exportação/importação por via aquática, atualmente é aplicada também no mercado interno.

Síntese

Neste primeiro capítulo, o objetivo principal foi a revisão de vários conceitos básicos de custos, bem como sua importância e aplicabilidade. Os temas e os assuntos abordados não esgotam de forma alguma o universo de informações e conceitos existentes.

A ideia foi trazer uma abordagem bem direcionada e específica para iniciar os estudos sobre custos e estimular uma pesquisa mais avançada acerca do assunto. Tratamos dos conceitos históricos, bem como de uma abordagem moderna e de comparativos que levam o leitor a uma profunda reflexão. Conceitos, critérios de rateio e direcionamentos de custos foram indicados para facilitar o seu dia a dia.

Questões para revisão

1. Os custos que dependem de cálculos, rateios ou estimativas para serem divididos e apropriados em diferentes produtos ou diferentes serviços denominam-se:
    a) Variáveis.
    b) Diretos.
    c) Proporcionais.
    d) Fixos.
    e) Indiretos.

2. Para identificação e classificação dos custos, devemos aplicar a seguinte fórmula:
    a) Material Direto + Mão de Obra Direta = Custo de Fabricação.
    b) Mão de Obra Direta + Matéria-prima = Custo Primário.
    c) Material Direto + Gastos Gerais de Fabricação = Custo Total.

d) Mão de Obra Direta + Custo Primário = Custo Total.

e) Custo Primário + Gastos Gerais de Fabricação = Custo de Transformação.

3. Observe os dados a seguir, representativos dos custos de uma empresa industrial (fábrica de calçados):

Contas	R$
Matéria-prima	2.100.000,00
Depreciação da fábrica	27.000,00
Material de embalagem	30.000,00
Aluguéis de fábrica	80.000,00
Administração da fábrica	100.000,00
Água consumida para fabricar cerveja	15.000,00
Mão de obra indireta	25.000,00
Energia elétrica (fábrica)	50.000,00

Os custos fixos dessa empresa, no mês X, atingiram o valor de (em R$):

a) 80.000,00.

b) 207.000,00.

c) 312.000,00.

d) 237.000,00.

e) 282.000,00.

4. Tratando os custos pela sua natureza e forma, podemos afirmar que:

a) os custos indiretos são apropriados pelo critério de rateio.

b) os custos variáveis não são de fácil identificação.

c) os custos variáveis causam problemas para a empresa.

d) quanto mais a empresa produzir, mais custo fixo terá.

e) a empresa não precisa cuidar de seus custos.

5. Em um processo de fabricação, previu-se que seriam gastos 500 gramas de matéria-prima, a um custo de R$ 10,00/kg, para produzir uma unidade de determinado produto. Porém, ao final do período, constatou-se que, embora tivesse sido economizado 10% no preço do material, gastou-se 20% a mais de material que o previsto. Diante dessas informações, a variação ocorrida foi:

   a) igual ao valor previsto.
   b) desfavorável em R$ 5,40.
   c) desfavorável em R$ 0,40.
   d) desfavorável em R$ 5,40.
   e) favorável em R$ 0,40.

6. A empresa Fox Trote S.A., utilizando o sistema de custeio por absorção, determinou que os custos gerais de fabricação fossem direcionados para os centros de custos da produção, da mecânica e do laboratório, proporcionalmente às horas trabalhadas para esses centros.

   Informações:
   - 40 horas para a produção.
   - 20 horas para a mecânica.
   - 50 horas para o laboratório.

   Considerando que o total do custo do laboratório foi de R$ 220.000,00 no mês, qual foi o valor rateado para a produção e a mecânica?

7. A matéria-prima estocada é considerada:

   a) um custo das mercadorias vendidas.
   b) um Ativo.
   c) um gasto geral de fabricação.
   d) um custo de transformação.
   e) um custo de produção.

8. A empresa Pé Na Tábua Ltda. apresentou a seguinte relação de custo:

Prêmio de seguro da fábrica	R$ 5.000,00 CF – CI
Mão de obra direta – mensal	R$ 38.000,00 CF – CD
Matéria-prima consumida	R$ 28.000,00 CV – CD
Energia da fábrica	R$ 10.000,00 CF – CI
Telefone da fábrica	R$ 600,00 CF – CI
Água consumida na fábrica	R$ 1.300,00 CF – CI
Manutenção da máquina do centro produtivo A	R$ 450,00 CD – CV

Com base nessa relação, determine:
a) O valor do custo primário.
b) O total dos custos fixos.
c) O total dos custos variáveis.
d) O valor dos custos diretos.
e) O valor dos custos indiretos.

Saiba mais

É importante definir que nenhum assunto se esgota com a abordagem de um único autor. O processo é e deve ser uma constante busca pelo saber. Portanto, o leitor deve buscar aprofundar seus conhecimentos no universo de outros autores, pois isso ajudará a ampliar o processo de aprendizagem, haja vista a visão de cada autor em particular.

O leitor pode pesquisar e fazer leituras de outros temas relacionados em:

BERTÓ, D. J.; BEULKE, R. **Gestão de custos**. São Paulo: Saraiva, 2006.

CFC – Conselho Federal de Contabilidade. Disponível em: <http://www.cfc.org.br>. Acesso em: 17 abr. 2014.

Informações básicas sobre contabilidade 2

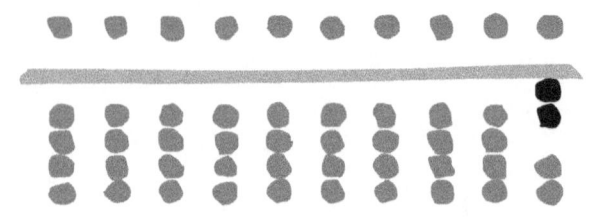

Conteúdos do capítulo

- Envolvimento e integração da contabilidade.
- Conceitos básicos de contabilidade.
- Composição contábil de uma empresa.
- Ferramentas e técnicas utilizadas na contabilidade.

Após o estudo deste capítulo, você será capaz de:

1. avaliar a real necessidade e a importância da contabilidade nas empresas;
2. perceber a estreita ligação da contabilidade com todos os segmentos da nossa economia;
3. mensurar a extensão da história e seu desenvolvimento até os dias atuais.

𝒩este capítulo, desenvolveremos alguns conceitos e aspectos relacionados à evolução da contabilidade no tempo – a sua função, o seu objetivo e a sua finalidade. Apresentaremos também demonstrações financeiras e o processo de integração e envolvimento da contabilidade dentro de uma empresa.

> Você faz ideia de quando a humanidade começou a usar ferramentas contábeis?

Esse é um cenário nebuloso. Não há uma data precisa a respeito da origem da contabilidade. Entretanto, há evidências de registros – desenhos, pinturas e gravações em pedras e cavernas – que tentavam dar conta da quantidade de metais, animais e outros bens de posse do homem primitivo.

Mesmo com imprecisão, sabemos que já na Idade Média os senhores feudais utilizavam diferentes tipos de registros para o controle de terras, vinhedos e da produção de alimentos.

Com a necessidade de melhora e evolução dos procedimentos contábeis, a escola italiana, por meio de Frei Luca Pacioli, em 1494, desenvolveu o método das partidas dobradas, apresentado em sua obra *Summa de arithmetica, geometria, proportioni et proportionalità*, sob o título *Tractatus de computis et scripturis*, publicado em Veneza no mesmo ano. A relação débito *versus* crédito, descrita pelo método, é um processo utilizado até hoje em qualquer operação que tenha de um lado um devedor e de outro um credor.

2.1 Envolvimento e integração da contabilidade

A contabilidade está integrada com todos os segmentos da economia. Seus usuários abrangem desde pequenos empresários, pequenos comerciantes, prestadores de serviços e profissionais liberais, passando por pequenas, médias e grandes empresas públicas e privadas, até indústrias e governo.

> **IMPORTANTE**
>
> É dos processos contábeis que se originam, em uma empresa, todos os registros e informações necessários para que seus usuários tomem decisões com maior segurança.

Para reconhecermos a importância dos registros contábeis, basta imaginarmos, por exemplo, como um empresário, sem controle algum de sua empresa, poderá comprar, produzir e vender o seu produto/serviço se não tiver ideia de:

- quanto há de saldo de caixa;
- quais são os custos para produção;

- qual é o preço pelo qual deverá ser vendido o produto para cobrir as despesas.

Por meio da Figura 2.1, podemos visualizar esse envolvimento.

Figura 2.1 – Inserção da contabilidade nos mais variados setores da economia

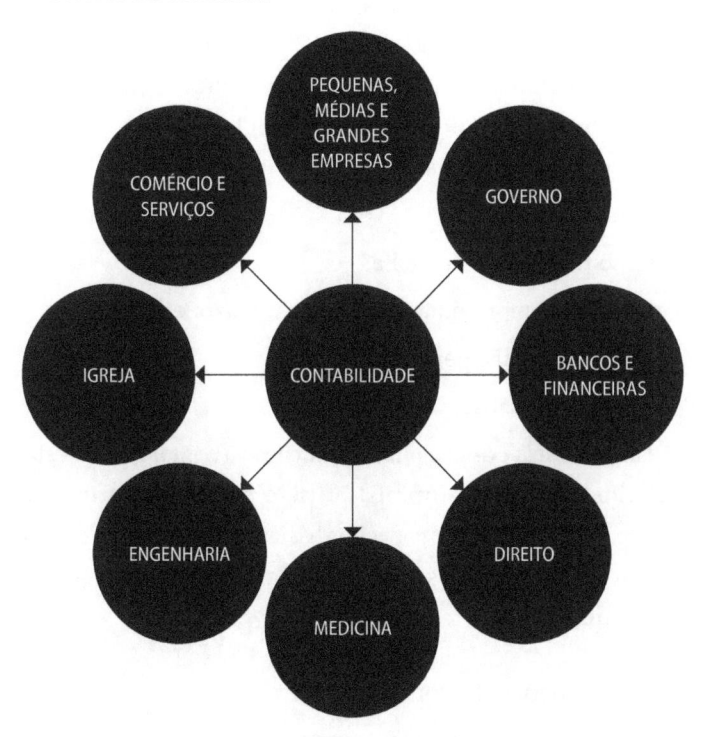

```
                    PEQUENAS,
                    MÉDIAS E
                    GRANDES
                    EMPRESAS
    COMÉRCIO E                      GOVERNO
    SERVIÇOS

    IGREJA         CONTABILIDADE    BANCOS E
                                    FINANCEIRAS

        ENGENHARIA              DIREITO
                    MEDICINA
```

Essa figura demonstra o sistema contábil como centro das atividades econômicas. É apenas uma amostra do universo de conexões existentes na relação da contabilidade com as demais áreas de atividades de nossa sociedade.

2.2 Conceitos básicos de contabilidade

A contabilidade percorreu um caminho de evolução, como toda a civilização. Logo, para se adaptar às necessidades de cada período ou situação, os conceitos que regem a contabilidade também passaram e ainda passam por um processo de mutação.

Alguns conceitos se alteraram em razão de peculiaridades econômicas, institucionais, políticas e sociais de cada época; outros permaneceram imutáveis, como o princípio da dualidade, cuja evidenciação contábil se resume ao método das partidas dobradas. Contudo, a forma de realizar essa representação, por exemplo, pode se alterar. Um lançamento contábil pode ser feito em forma de registro:

- no livro diário;
- no razão de folhas soltas;
- em uma representação didática de razonete em T;
- em um cartão perfurado;
- em uma matriz.

Para que seja possível visualizar como a contabilidade está inserida na função administrativa, é necessário, primeiramente, conhecer alguns conceitos básicos, como função, objeto, objetivo e finalidade, os quais estão definidos nas funções da contabilidade.

2.2.1 Funções da contabilidade

Podemos dizer que, entre as principais funções da contabilidade, estão a mensuração do lucro, da situação financeira e da posição patrimonial e o registro de toda a movimentação financeira da empresa durante seu período de vida.

É por meio dessas movimentações – **mensuração** e **registro** – que são extraídas as informações gerenciais e financeiras, além dos custos, para que os interessados internos e externos possam tomar as suas decisões.

2.2.2 Definições de contabilidade

Alguns autores afirmam que a contabilidade tem como função servir de instrumento para a sobrevivência da empresa. Essa importância está expressa nas definições apresentadas na sequência.

I. "Contabilidade é a ciência que estuda e pratica as funções de orientação, de controle e de registro relativas à administração econômica". (CFC, 2008)

II. "A contabilidade é uma ciência que permite, através de suas técnicas, manter um controle permanente do Patrimônio da empresa". (Ribeiro, 2012)

III. "A contabilidade é, objetivamente, um sistema de informação e avaliação destinado a prover seus usuários com demonstrações e análises de natureza econômica, financeira, física e de produtividade, com relação à entidade objeto de contabilização". (Ribeiro, 2012)

IV. "É a ciência que estuda, controla e interpreta os fatos ocorridos no patrimônio das entidades, mediante o registro, a demonstração expositiva e a revelação desses fatos, com o fim de oferecer informações sobre a composição do patrimônio, suas variações e o resultado econômico decorrente da gestão da riqueza patrimonial". (Franco, 2005)

V. "A contabilidade é a ciência que estuda o patrimônio à disposição das aziendas, em seus aspectos estáticos e em suas variações, para enunciar, por meio de fórmulas racionalmente deduzidas, os efeitos da administração sobre a formação e a distribuição dos créditos". (Hermann Júnior, 1972)

2.2.3 Objeto e objetivo da contabilidade

A contabilidade tem como objeto o patrimônio de pessoas físicas, jurídicas, comerciais ou civis e também o patrimônio público e as questões financeiras do Estado. Seu objetivo é – conforme a legislação societária, fiscal e tributária – registrar toda a movimentação das operações financeiras, administrativas, produtivas, sociais, fiscais e tributárias feitas pelas empresas, para, posteriormente, prestar contas da gestão praticada pelos administradores.

2.2.4 Finalidade da contabilidade

A contabilidade tem por finalidade registrar toda a movimentação financeira da empresa por meio de relatórios próprios a respeito do comportamento dos negócios, para análise e interpretação por parte dos mais diversos usuários e interessados nessas informações. Esses relatórios são utilizados para orientar a tomada de decisões.

2.3 Composição contábil de uma empresa

Para que uma empresa possa exercer suas atividades, é necessário conseguir capital e/ou recursos para financiar o seu funcionamento. Esses recursos correspondem aos valores necessários para que qualquer organização possa iniciar suas atividades comerciais e produtivas e manter sua sobrevivência.

2.3.1 Origens de capitais/recursos

Com base nesse cenário, os recursos podem ter três origens:

I. **Recursos oriundos dos sócios** – Os primeiros recursos aplicados na empresa advêm dos próprios sócios em forma de capital social. Esse capital poderá ser reunido em valores monetários (dinheiro) ou sob a forma de bens (móveis e imóveis).

II. **Recursos oriundos de terceiros** – Normalmente, as empresas não possuem dinheiro suficiente para iniciar suas atividades. Para investir em tecnologia, recursos materiais e recursos humanos, muitas vezes é necessária a utilização de capital emprestado por terceiros.

Entretanto, esse capital não precisa ser adquirido, necessariamente, por meio de moeda corrente – basta alguém conceder crédito ou prazo para a empresa e gerar um capital de terceiros. Por exemplo:

- Os funcionários de uma empresa, de forma indireta, representam capital de terceiros, pois trabalham 30 dias (normalmente) para, depois, no quinto dia útil do mês subsequente, receber o salário. Essa é uma forma de financiamento do valor da mão de obra para a empresa.

- Outra fonte de origem são as concessionárias de energia elétrica, telefonia, água etc., as quais fornecem os seus serviços para depois receber os valores relativos à sua utilização.

- A operação mais comum é o financiamento ou o empréstimo direto de agentes financeiros, na modalidade de vencimento de curto e longo prazos, com ou sem garantia real.

- Outra fonte de financiamento é aquela concedida pelos governos federal, estadual e municipal por meio dos impostos. A empresa, em suas operações de transformação, venda ou revenda de produtos, gera impostos e contribuições que deverão ser recolhidos ao governo. Porém, como todas as operações possuem um prazo que varia entre 10 e 30 dias, a empresa recebe o valor, utiliza-o e depois o repassa aos cofres públicos.

III. **Recursos oriundos do lucro** – A melhor origem de recursos para uma empresa é o lucro, que é obtido por meio dos valores adquiridos pela compra, revenda e prestação de serviços, menos os custos para transformar, revender ou prestar os serviços. O lucro é importante para a sobrevivência e a continuidade da empresa, pois não precisa ser devolvido ou pago a alguém, com exceção dos sócios. O lucro pertence aos sócios ou acionistas da empresa e é a remuneração do capital e do risco de investimento em um empreendimento. Cabe aos sócios e aos acionistas direcionar os lucros obtidos, os quais poderão ser reinvestidos total ou parcialmente ou, ainda, distribuídos conforme determinação social e legal.

2.3.2 Aplicação de capitais/recursos

A administração da origem dos recursos pode nos indicar se a empresa está obtendo sucesso ou fracassando em suas operações.

Toda origem de recursos gera um Passivo de curto e longo prazos (com exceção do Patrimônio Líquido). Se o Passivo resultante for muito elevado, poderá levar a empresa a uma situação de insolvência (falência).

O método das partidas dobradas considera que, se de um lado há entrada de recursos em uma empresa, de outro esses recursos devem ser aplicados em valor monetário igual, ou seja, para cada R$ 1,00 emprestado deverá haver uma aplicação de R$ 1,00 – nem mais, nem menos. Por esse motivo, o Balanço Patrimonial deve apresentar sempre equilíbrio entre as contas do Ativo e do Passivo.

As aplicações de capitais ocorrem quase sempre em contas do Ativo, sob a forma de bens e direitos. Poderão também ocorrer aplicações de capital em contas do Passivo – geralmente uma redução de contas com vencimento de longo prazo.

Quadro 2.1 – Origem e aplicação dos recursos

Ativo	Passivo
Aplicação de recursos	Origem de recursos
Em direitos Em bens (bens móveis e imóveis)	Curto e longo prazos (terceiros) Capital dos sócios (próprio) Lucro (das operações)
Aplicação de recursos de R$ 1,00 = Origem de recursos de R$ 1,00	

2.3.3 Patrimônio

Podemos definir *patrimônio* como um conjunto ou somatório de bens, mais os direitos e menos as obrigações de uma empresa ou de uma pessoa física. O patrimônio é necessário para que a empresa consiga se estruturar a fim de produzir, comprar e vender ou prestar um bom serviço.

Os bens formam o conjunto patrimonial de uma pessoa ou de uma empresa e são separados e classificados quanto à natureza (móveis e imóveis) e quanto à forma (tangíveis e intangíveis):

- **Bens móveis** – São aqueles utilizados pela empresa em suas operações, os quais podem ser removidos do local sem causar algum tipo de dano. Exemplos: máquinas, equipamentos, móveis e utensílios, veículos e ferramentas.

- **Bens imóveis** – São aqueles utilizados pela empresa e que, pela sua própria natureza (estrutura construída), não podem ser removidos sem a ocorrência de algum tipo de dano ou até sua completa destruição. Exemplos: edifícios, casas, barracões, muros e outros tipos de construções.

- **Bens tangíveis** – São aqueles que, por terem forma corpórea (concreta), podem ser tocados. A forma física é consistente e enquadra-se nos exemplos de bens móveis e imóveis.

- **Bens intangíveis** – São aqueles que, por sua natureza, não têm forma física, são abstratos e não podem ser tocados. Exemplos: marcas (Antarctica, Skol, Kaiser, Coca-Cola, Sony, Lacta), patentes e invenções (Microsoft® e Linux).

Os direitos da empresa representam aquilo que a empresa pode exigir de alguém em época própria, de acordo com o seu valor. São exemplos de direitos:

- dinheiro em conta-corrente;
- duplicatas a receber;

- créditos tributários;
- investimentos em ações de outras empresas;
- adiantamentos concedidos a funcionários e fornecedores;
- cheques a receber;
- créditos e aplicações.

As obrigações, por sua vez, são os valores que a empresa necessita pagar a terceiros. Esses valores, que estão registrados no Passivo circulante e exigível a longo prazo, são obrigações que a empresa deverá pagar quando de seu vencimento. São exemplos de obrigações:

- duplicatas a pagar;
- salários a pagar;
- impostos e taxas a recolher;
- encargos sociais a recolher;
- dividendos a pagar;
- empréstimos e financiamentos a pagar.

No quadro a seguir é possível ver como fica a divisão dos elementos que compõem o patrimônio.

Quadro 2.2 – Elementos que compõem o patrimônio

PATRIMÔNIO	
Ativo	Passivo + PL
Bens Direitos	Obrigações

2.3.3.1 Equação patrimonial

Para melhor compreender o que é a *equação patrimonial*, basta lembrar que, para cada real obtido como origem de recurso, a empresa só poderá aplicar o mesmo valor. Isso pode ser explicado pelo fato de o Balanço Patrimonial manter equivalência entre o Ativo e o Passivo – o valor do Ativo é sempre igual ao valor do Passivo.

Figura 2.2 – Balanço Patrimonial

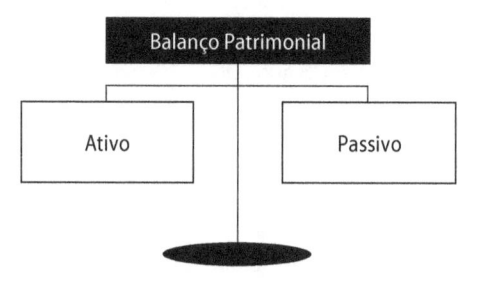

```
        Balanço Patrimonial
         /            \
      Ativo          Passivo
```

Como você pode observar na Figura 2.2, o Balanço Patrimonial lembra uma balança, simbolizando o equilíbrio perfeito entre o Ativo e o Passivo.

> Quando uma situação patrimonial é equilibrada?

Para que a empresa apresente uma situação patrimonial favorável ou equilibrada, é preciso que seu balanço, ao somar os valores dos bens e dos direitos e subtraí-los das obrigações, represente, ainda, um valor positivo. Isso demonstrará uma boa situação patrimonial líquida (SPL) da empresa.

Há três tipos de situações líquidas possíveis ao fazer o cálculo do Balanço Patrimonial:

I. **Situação líquida positiva** – Ocorre quando o somatório dos bens e dos direitos é superior às obrigações.

II. **Situação líquida neutra** – Ocorre quando o somatório dos bens e dos direitos se iguala ao valor das obrigações.

III. **Situação líquida negativa** – Ocorre quando o somatório dos bens e dos direitos é inferior ao valor das obrigações.

A fórmula para encontrar a SPL é a seguinte:

$$SPL = Ativo - Passivo$$

Em que:

Ativo = bens + direitos;

Passivo = obrigações;

Por exemplo:

I. Situação A:

Bens + direitos = R$ 200,00

Obrigações = R$ 120,00

SPL = R$ 200,00 – R$ 120,00

SPL = R$ 80,00

Nesse caso, a SPL da empresa é positiva.

II. Situação B:

Bens + direitos = R$ 120,00

Obrigações = R$ 200,00

SPL = R$ 120,00 – R$ 200,00

SPL = – R$ 80,00

Na situação B, a SPL é negativa, o que indica que a empresa, mesmo realizando (recebendo) todos os direitos e vendendo todos os seus bens, não teria recursos suficientes para pagar o seu Passivo (credores).

III. Situação C:

a) Valor dos bens: R$ 34.800,00

b) Valor das obrigações: R$ 65.000,00

c) Valor dos direitos: R$ 13.000,00

Fórmula:

> SPL = Bens + Direitos (–) Obrigações

Portanto: SPL = R$ 34.800,00 + R$ 13.000,00 (–) R$ 65.000,00 = SPL = (–R$ 17.200,00)

2.4 Ferramentas e técnicas utilizadas na contabilidade

A empresa, após ser constituída, passa a ter inúmeras obrigações (fiscais, sociais, tributárias, legais). Para poder cumpri-las, deve formalizar (registrar) todas as operações e movimentações feitas a cada período (dia, mês, trimestre, semestre, ano). O registro dessas informações pode ser feito por meio de:

- **Escrituração** – Registro em livros próprios (diário, razão, livro-caixa) de todos os fatos administrativos que ocorrem no dia a dia da empresa.

- **Demonstrações financeiras** – Informações obtidas nos registros contábeis da empresa e exigidas por lei. As demonstrações financeiras mais conhecidas são:
    - Balanço Patrimonial e Demonstração do Resultado do Exercício (DRE);
    - Demonstração das Mutações do Patrimônio Líquido (DMPL);
    - Demonstração do Fluxo de Caixa (DFC), a qual substitui a Demonstração das Origens e Aplicações de Recursos (Doar) que vigorou até 2007.

- **Auditoria** – Análise e verificação da exatidão dos dados contidos nas demonstrações financeiras, por meio do exame minucioso dos registros contábeis e dos documentos que deram origem a eles, realizado por um profissional devidamente credenciado e habilitado.

- **Análise de balanço** – Aplicação de técnicas de análise, por meio de índices, com dados obtidos nas demonstrações financeiras, objetivando transformar esses dados em informações úteis aos diversos usuários da contabilidade.

As informações geradas com ferramentas e técnicas contábeis irão auxiliar diversos usuários com os mais variados interesses. No quadro a seguir, é possível ver alguns dos interessados nas informações contábeis e o foco de seus interesses.

Quadro 2.3 – Principais interessados nas informações contábeis

INTERESSADO	INTERESSE
Governo	Recebimento de impostos.
Bancos	Recebimentos de empréstimos.
Fornecedores	Recebimento de créditos.
Clientes	Recebimento de produto – assistência técnica.
Comunidade	Manutenção da atividade econômica local.
Funcionário	Garantia do emprego e participação nos lucros da empresa.

Síntese

Neste capítulo, conforme verificamos no quadro anterior, pudemos avaliar e estabelecer as principais conexões que demonstram a importância, para gestores e terceiros, das informações geradas e obtidas na contabilidade. Essa afinada ligação é o que fortalece a prática de uma contabilidade saudável, como ferramenta necessária a qualquer gestor ou segmento da economia para a tomada de decisões.

Questões para revisão

1. O objeto, o objetivo e a finalidade da contabilidade são, respectivamente:
    a) o valor, o patrimônio e o registro de toda a movimentação financeira da empresa.
    b) o patrimônio e o registro de todas as operações e de toda a movimentação financeira da empresa.
    c) os bens, os valores e o resultado.

d) o registro de toda movimentação financeira da empresa, do lucro e do patrimônio.
e) Nenhuma das alternativas anteriores está correta.

2. Encontre, por meio das informações a seguir, a situação patrimonial líquida da empresa:

Itens	Valor (R$)
Máquinas	15.000,00
Equipamentos	22.000,00
Duplicatas a pagar	35.000,00
Impostos a recolher	47.000,00
Aplicações financeiras	12.000,00
Financiamentos	9.000,00
Prédios/edificações	50.000,00
Duplicatas a receber	22.000,00
Salários a pagar	37.000,00
Marca "Velho Barreiro"	100.000,00
Estoque de matéria-prima	25.000,00

3. Classifique as informações a seguir em bens, direitos e obrigações, utilizando:

OR = Origem de recursos
AR = Aplicação de recursos
B = Bens
D = Direitos
O = Obrigações
BM = Bens móveis
BI = Bens imóveis
BT = Bens tangíveis
BIT = Bens intangíveis

Veículo	R$ 12.000,00
Máquina	R$ 80.000,00
Prédio	R$ 90.000,00
Empréstimo bancário	R$ 30.000,00
Impostos a recuperar	R$ 19.000,00
Microcomputador	R$ 3.500,00
Aplicação financeira	R$ 45.000,00
Marca "Caninha 51"	R$ 33.000,00
Ferramentas	R$ 10.000,00
Salários a pagar	R$ 22.000,00
Financiamentos bancários	R$ 50.000,00
Impostos a recolher	R$ 17.000,00
Estoque de matéria-prima	R$ 80.000,00
Duplicatas a pagar	R$ 21.000,00
Duplicatas a receber	R$ 27.500,00
Móveis para escritório	R$ 68.000,00
Empréstimos a receber	R$ 8.700,00
Cheques a receber	R$ 3.600,00
Produtos acabados	R$ 29.000,00
Capital social integralizado	R$ 70.000,00

Total dos itens
- a) Bens e direitos (R$) =
- b) Obrigações (R$) =
- c) Bens móveis (R$) =
- d) Bens imóveis (R$) =
- e) Bens tangíveis (R$) =
- f) Total de origens (R$) =
- g) Origens de terceiros (R$) =
- h) Origens de curto prazo (R$) =
- i) Origens de longo prazo (R$) =
- j) Bens intangíveis (R$) =

4. De acordo com as informações contábeis a seguir, determine a situação patrimonial da empresa.

Caixa	R$ 3.000,00
Bancos	R$ 45.000,00
Duplicatas a pagar	R$ 32.500,00
Aplicações financeiras	R$ 4.000,00
Encargos sociais a recolher	R$ 8.500,00
Máquinas	R$ 14.000,00
Fornecedores	R$ 37.000,00
Matéria-prima	R$ 54.000,00
Empréstimos	R$ 41.000,00
Financiamentos	R$ 70.000,00
Salários a pagar	R$ 56.000,00
Produtos acabados	R$ 22.000,00
Equipamentos	R$ 19.6000,00
Edificações	R$ 104.000,00

a) R$ 10.600,00.
b) R$ 20.600,00.
c) R$ 5.400,00.
d) R$ 7.400,00.
e) R$ 6.400,00.

5. Capital de terceiros representa:
   a) Passivo circulante + Realizável a longo prazo.
   b) Exigível a longo prazo + Passivo circulante.
   c) Ativo imobilizado + Capital social.
   d) Realizável em curto prazo + Exigível a longo prazo.
   e) Patrimônio líquido + Lucro.

6. Com base na relação de valores a seguir, classifique e determine o valor dos bens móveis, imóveis, tangíveis e intangíveis da empresa a que pertencem.

Terrenos	R$ 20.000,00
Veículos	R$ 16.000,00
Máquinas e equipamentos	R$ 34.000,00
Ferramentas	R$ 4.000,00
Estoque de matéria-prima	R$ 22.000,00
Móveis e utensílios	R$ 13.000,00
Marca AIWA	R$ 100.000,00
Marca HP	R$ 80.000,00
Casa	R$ 16.000,00

7. A contabilização da amortização do Ativo Diferido será feita da seguinte forma:

   a) Débito: despesa com amortização. Crédito: Ativo Diferido.
   b) Débito: despesa com amortização. Débito: despesa com Ativo imobilizado.
   c) Crédito: amortização acumulada. Débito: fornecedores.
   d) Débito: despesa com amortização. Crédito: amortização acumulada.
   e) Nenhuma das alternativas anteriores está correta.

8. O Passivo representa:

   a) a aplicação de recursos.
   b) os valores negativos.
   c) a origem de recursos.
   d) a aplicação em bens.
   e) os valores a receber.

Saiba mais

Leitor, não pare de pesquisar. Para saber mais sobre o assunto, sugerimos a leitura do seguinte livro:

MARTINS, E. **Contabilidade de custos**. 10. ed. São Paulo: Atlas, 2010.

Plano de contas: contas, subcontas e sua natureza

3

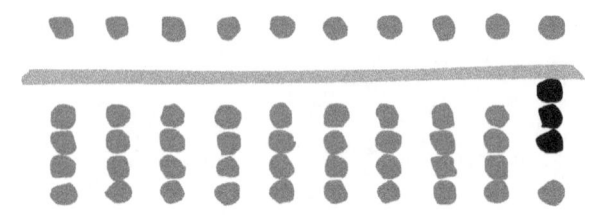

Conteúdos do capítulo

- Contas patrimoniais.
- Plano de contas e sua estruturação.
- Estrutura de um Balanço Patrimonial.
- Conta do Ativo circulante.
- Ativo realizável a longo prazo.
- Ativo permanente.

Após o estudo deste capítulo, você será capaz de:

1. entender os objetivos, a forma e as diferenças entre lançamentos contábeis de débito e de crédito, sua função e seu funcionamento.
2. determinar os efeitos dos registros sobre o patrimônio das entidades;
3. avaliar o que podemos obter de útil em relação aos valores contabilizados e registrados e o que eles significam para a entidade.

Para o registro de todos os valores das operações comerciais, as empresas desenvolvem um sistema contábil que envolve contas e subcontas, denominado *Plano de Contas*. É a partir dele que surgem os balancetes e os balanços patrimoniais.

3.1 Contas

A Lei n. 6.404, de 15 de dezembro de 1976, instituiu a forma de apresentação e disposição das contas patrimoniais. No que concerne à classificação das contas, elas se classificam (conforme comentado no capítulo anterior) em ativas (direitos + obrigações) e passivas (obrigações + Patrimônio Líquido) (Brasil, 1976).

> **IMPORTANTE**
>
> Neste contexto, o termo *conta* pode ser definido como a unidade mínima para registro e controle patrimonial de uma empresa.

Essa classificação das contas em ativas e passivas se dá por meio do agrupamento de contas conforme sua natureza:

- **Contas ativas** – Nelas são registradas todas as aplicações de recursos em bens e direitos. Sua natureza é devedora; entretanto, isso não quer dizer que têm saldo negativo, pois constitui apenas uma forma de contrapor os lançamentos das contas do Passivo e dar equilíbrio técnico.

- **Contas passivas** – Nelas são registradas as origens dos recursos que a empresa obteve. São denominadas *obrigações* e sua natureza é credora.

- **Contas de resultado** – Nelas são registrados os valores das receitas, que são desembolsados pela empresa com o intuito de cobrir despesas e custos. É por meio das contas de resultados que se encontra o lucro ou o prejuízo da empresa.

3.2 Plano de contas e sua estruturação

O objetivo do plano de contas é atender às necessidades individuais de cada empresa em relação às atividades operacionais.

> **IMPORTANTE**
>
> Não existe um padrão de estrutura para as contas no mercado que possa atender às necessidades individuais de cada empresa em relação às suas atividades operacionais.

A estrutura do plano de contas segue uma codificação alfanumérica e atende à ordem cronológica e ao grau de realização e exigibilidade peculiar a cada grupo – Ativo e Passivo –, conforme indicamos a seguir.

- Para contas do Ativo, a ordem seguirá o grau de realização das contas (transformação em dinheiro). Logo, as contas que gerarem recursos mais rapidamente virão em primeiro lugar e assim sucessivamente.
- Para contas do Passivo, a ordem da estrutura seguirá o grau de exigibilidade, ou seja, aquelas contas que vencerem mais rapidamente serão classificadas em primeiro lugar (prazo inferior a um ano) e assim sucessivamente.
- Para contas de resultado, a estrutura segue a forma decrescente, iniciando-se por receitas obtidas, devoluções e descontos (se houver), cálculo dos impostos, custo do produto ou mercadoria, despesas operacionais (administrativas, financeiras e de vendas) até chegar ao lucro ou ao prejuízo do exercício.

IMPORTANTE

Não existe no mercado um padrão para a formalização de um plano de contas. Essa formalização deve atender à legislação vigente, mas varia de acordo com cada empresa.

3.3 Estrutura de um Balanço Patrimonial

A estrutura e a apresentação do Balanço Patrimonial seguem as normas estipuladas pela Lei n. 6.404/1976. De acordo com essa lei, o Balanço Patrimonial deve ser estruturado em dois grandes grupos: Ativo e Passivo.

No grupo do Ativo, há a formação de subgrupos, contas e subcontas (contas desdobradas). Já no grupo do Passivo, a separação é de apenas subgrupos e contas. No entanto, embora a Lei n. 6.404/1976 seja a base para o entendimento da tratativa contábil, devemos mencionar as mudanças significativas que foram introduzidas pela Lei n. 11.638, de 28 de dezembro de 2007 (Brasil, 2007). O quadro elaborado por Moliga (2012) demonstra claramente esse avanço, o qual busca adequar a nossa legislação ao ambiente global no que diz respeito à regulação contábil internacional.

Quadro 3.1 – Estrutura do Balanço Patrimonial segundo as Leis n. 6.404/1976 e n. 11.638/2007

ANTES	DEPOIS
Ativo CIRCULANTE REALIZÁVEL A longo prazo Ativo PERMANENTE • Investimento • Imobilizado • Diferido	Ativo CIRCULANTE **Ativo NÃO CIRCULANTE** • Realizável a Longo Prazo • Investimento • Imobilizado • **Intangível** • Diferido
Passivo CIRCULANTE Passivo EXIGÍVEL A longo prazo RESERVA DE EXERCÍCIOS FUTUROS PATRIMÔNIO LÍQUIDO • Capital Social • Reserva de Capital • Reserva de Reavaliação • Reservas de Lucros • Lucros ou Prejuízos Acumulados	Passivo CIRCULANTE Passivo NÃO CIRCULANTE • Exigível a Longo Prazo • Resultado de Exercícios Futuros PATRIMÔNIO LÍQUIDO • Capital Social • Reserva de Capital • **Ajuste de Avaliação Patrimonial** • Reservas de Lucros • **Ações em Tesouraria** • **Prejuízos Acumulados**

Fonte: Adaptado de Moliga, 2012.

Ao comparar as duas colunas do quadro, o antes e o depois da Lei n. 11.638/2007, é possível visualizar quais foram as inovações do registro contábil do Balanço Patrimonial.

············o *Estabelecendo conexões* o············

Uma fonte interessante para consultar a Lei n. 11.638/2007 é o seguinte *site* do governo:

BRASIL. Lei n. 11.638, de 28 de dezembro de 2007. **Diário Oficial da União**, Poder Legislativo, Brasília, DF, 28 dez. 2007. Disponível em: <http://www.planalto.gov.br/ccivil_03/_ato2007-2010/2007/lei/l11638.htm>. Acesso em: 20 jan. 2014.

Nesse endereço você poderá tomar conhecimento de todos os itens correspondentes à nova legislação contábil.

Outra leitura que pode ser importante se você estiver interessado em se aprofundar nas mudanças da legislação societária brasileira, especialmente no que tange à contabilização para instrumentos financeiros, é o estudo publicado no *site* da Universidade de São Paulo (USP), encontrado no seguinte endereço eletrônico:

PATON, C.; CUNHA, J. V. A. da; LAVARDA, C. E. F. Instrumento financeiro derivativo de contrato a termo: uma proposta de contabilização. In: SEMINÁRIOS EM ADMINISTRAÇÃO, 12., 2009, São Paulo. *Anais...* São Paulo, 2009. Disponível em: <http://www.ead.fea.usp.br/semead/12semead/resultado/trabalhosPDF/147.pdf>. Acesso em: 20 jan. 2014.

3.3.1 Contas do Ativo

A seguir, você pode conferir um modelo de estruturação do Balanço Patrimonial com contas do Ativo.

Quadro 3.2 – Contas do Balanço Patrimonial – Grupo Ativo

GRUPO
1. Ativo
SUBGRUPOS
1.1 CIRCULANTE
1.2 REALIZÁVEL A Longo Prazo
1.3 PERMANENTE

GRUPO / SUBGRUPO / CONTA	
Ativo ⟶	**GRUPO**
1.1 CIRCULANTE ⟶	*SUBGRUPO*
1.1.1 DISPONÍVEL ⟶	**CONTA**
• CAIXA ⟶	*SUBCONTAS*

(continua)

(Quadro 3.2 - conclusão)

GRUPO
• BANCO
• APLICAÇÕES FINANCEIRAS

1.1.2 DIREITOS DE CURTO PRAZO ⟶	CONTA
• DUPLICATAS A RECEBER ⟶	SUBCONTAS
• CHEQUES A RECEBER	
• OUTROS VALORES A RECEBER	

1.1.3 ESTOQUES ⟶	CONTA
PRODUTOS ACABADOS ⟶	SUBCONTAS
• PRODUTOS EM TRANSFORMAÇÃO	
• MATÉRIA-PRIMA	
• PRODUTOS PARA REVENDA	
• ALMOXARIFADO	

1.1.4 DESPESAS DO EXERCÍCIO SEGUINTE ⟶	CONTA
• PRÊMIOS DE SEGUROS ⟶	SUBCONTAS

NÃO CIRCULANTE	
1.2 REALIZÁVEL A longo prazo ⟶	SUBGRUPO
1.2.1 DEPÓSITOS JUDICIAIS ⟶	CONTA
1.2.2 IMPOSTOS A RECUPERAR	

1.3 Ativo PERMANENTE ⟶	SUBGRUPO
1.3.1 INVESTIMENTOS ⟶	CONTA
1.3.2 IMOBILIZADO ⟶	CONTA
1.3.3 INTANGÍVEL ⟶	CONTA
1.3.4 Diferido ⟶	CONTA

3.4 Conta do Ativo Circulante

É o somatório do conjunto dos valores registrados nas contas: disponível, direitos de curto prazo, estoques e despesas antecipadas.

A realização ou a transformação em dinheiro (saldos) ocorre em no máximo 365 dias após o encerramento do Balanço Patrimonial.

I. **Conta Disponível** – Essa conta abrange as seguintes subcontas:

- Caixa;
- Bancos;
- Aplicações Financeiras.

Na conta disponível é registrado todo o movimento financeiro da empresa, no tocante às operações de pagamento, recebimento e aplicação das sobras de caixa. Os valores registrados são de utilização imediata.

II. **Conta Direitos de Curto Prazo** – Nessa conta são registrados os valores a receber relativos às operações de venda e revenda da empresa e também a outros créditos operacionais que esta venha a ter. As subcontas mais comuns são:

- Duplicatas a Receber (das operações de vendas);
- Duplicatas Descontadas;
- Cheques a Receber;
- Notas Promissórias a Receber.

III. **Conta Estoques** – Essa conta registra as aquisições de matéria-prima, os produtos em elaboração ou produção, os produtos acabados prontos para venda e revenda e outros estoques de almoxarifado e de manutenção da empresa. É dividida em sete subcontas:

- Produtos Acabados: nessa conta são registrados os produtos cuja produção já foi concluída e estão prontos para serem vendidos.
- Produtos em Elaboração: nessa conta é registrado todo o processo em fase ainda de conclusão. Os débitos de custos (MP – MD – MOD – MOI – CIFS) são acumulados até a finalização e a transferência para a conta de produtos acabados.

- **Matéria-Prima:** nessa conta são registradas todas as aquisições de produtos (materiais) para a transformação em outro bem de consumo.
- **Embalagem:** nessa conta é registrado todo material comprado para acondicionamento dos produtos a serem vendidos (acabados).
- **Produtos para Revenda:** nessa conta são registrados os produtos adquiridos com a intenção de revenda.
- **Manutenção e Reposição:** nessa conta são registradas as peças e os componentes necessários para manutenção e reposição.
- **Almoxarifado:** nessa conta são registrados os materiais de suporte a limpeza e conservação, materiais de escritório, entre outros.

IV. **Conta Despesas Antecipadas** – São desembolsos feitos pela empresa que, por força da legislação, devem ser apropriados em despesas durante o tempo de vigência contratado e enquanto este durar. Geralmente, envolvem o próprio exercício (próximos 12 meses). Como exemplo de despesas antecipadas, podemos citar prêmios de seguros pagos, assinaturas de jornais e revistas, entre outros. A legislação vigente determina a correta classificação nessa conta e a observância da natureza da operação, com outros tipos de despesas operacionais e normais da empresa. Nessa conta só serão contabilizadas despesas com benefício futuro.

3.4.1 Aspectos relativos ao tratamento contábil da conta Estoques

De acordo com o Regulamento do Imposto de Renda (RIR) – Decreto n. 3.000, de 26 de março de 1999 (Brasil, 1999), art. 289 –, o custo de aquisição de mercadorias destinadas à revenda inclui desde os custos de transporte e seguro até o estabelecimento do contribuinte e os tributos não recuperáveis devidos na aquisição ou importação (Brasil, 1999). Assim, de acordo com o art. 290 do RIR:

> O custo da produção dos bens ou serviços compreenderá, obrigatoriamente:
>
> I. o **custo de aquisição** de matérias-primas e quaisquer outros bens ou serviços aplicados ou consumidos na produção, observado o disposto no artigo anterior;
>
> II. o **custo do pessoal** aplicado na produção, inclusive na supervisão direta, manutenção e guarda das instalações de produção;
>
> III. os **custos de locação, manutenção e reparo** e os encargos de depreciação dos bens aplicados na produção;
>
> IV. os **encargos de amortização** diretamente relacionados com a produção;
>
> V. os **encargos de exaustão** dos recursos naturais utilizados na produção. (Brasil, 1999, grifo nosso)

3.4.1.1 Contabilização do Imposto sobre Circulação de Mercadorias e Prestação de Serviços (ICMS)

Conforme a Instrução Normativa n. 51[1], de 3 de novembro de 1978, por ocasião das compras, o ICMS poderá ser destacado e registrado em conta própria do Ativo Circulante (Brasil, 1978). Os valores registrados sob esse título deverão, por ocasião das vendas, ser subtraídos, constituindo o imposto a recolher ou a restituir. Esses ajustes deverão fazer parte dos livros de registros e de apuração do ICMS – livros de entrada de mercadorias. Ainda conforme a Instrução Normativa n. 51/1978, os estoques deverão estar sempre livres dos impostos que são recuperáveis.

Se no fim do período a empresa obtiver saldo credor do imposto após o registro de apuração do ICMS, o valor desse saldo deverá figurar no Balanço Patrimonial da empresa, em conta do Ativo Circulante sob o título Imposto a Recuperar.

---

1 Para mais informações, acesse o *site* do Ministério da Fazenda. Disponível em: <http://sijut.fazenda.gov.br/netacgi/nph-brs?s1=IN000000511978110301$.CHAT.%20E%20SRF.ORGA.%20E%20197811o8.DDOU.&l=0&p=1&u=/netahtml/sijut/Pesquisa.htm&r=0&f=S&d=SIAT&SECT1=SIATW3>. Acesso em: 17 abr. 2014.

Se o saldo for devedor, deverá ser registrado em conta do Passivo circulante como ICMS a recolher.

> **IMPORTANTE**
>
> Conforme a legislação vigente (Brasil, 1999), se a empresa não mantiver registro permanente de estoques, o valor a ser atribuído às mercadorias quando da contagem física será o valor das compras mais recentes. Além disso, a pessoa jurídica deve excluir do custo de aquisição de mercadorias para revenda e de matérias-primas e demais materiais a quantia do ICMS recuperável, que deve ser destacada na nota fiscal.

3.4.1.2 Avaliação dos estoques

Conforme o art. 292 do RIR/1999, a avaliação e o levantamento dos estoques deverão ser feitos no fim de cada período base de apuração do imposto. Assim, de acordo com a Receita Federal, tendo em vista as disposições contidas na Lei n. 9.430, de 27 de dezembro de 1996, o levantamento e a avaliação dos estoques por pessoa jurídica devem ser feitos em:

- 31 de março, 30 de junho, 30 de setembro e 31 de dezembro, caso a apuração seja trimestral;
- 31 de dezembro, caso a apuração seja anual (Brasil, 1996b).

3.4.1.3 Resultado e avaliação dos estoques

Conforme o RIR/1999, o resultado e a avaliação dos estoques se dão da seguinte maneira:

> Art. 289. O custo das mercadorias revendidas e das matérias-primas utilizadas será determinado com base em registro permanente de estoques ou no valor dos estoques existentes, de acordo com o livro de inventário, no fim do período de apuração.
> [...]

Art. 294 [...]

§ 1º O contribuinte que mantiver sistema de custo integrado e coordenado com o restante da escrituração poderá utilizar os custos apurados para avaliação dos estoques de produtos em fabricação e acabados.

[...]

Art. 295 O valor dos bens existentes no encerramento do período de apuração poderá ser o custo médio ou o dos bens adquiridos ou produzidos mais recentemente, admitida, ainda, a avaliação com base no preço de venda, subtraída a margem de lucro. (Brasil, 1999)

3.4.1.4 Falta de sistema de contabilidade de custo integrado

Um dos pontos mais importantes para avaliação de registro dos custos dos estoques é o processo de escrituração. Se a empresa não tiver um sistema de escrituração integrado e confiável para esses registros, o processo de custo terá de ser feito da seguinte maneira, conforme o art. 296 do RIR/1999:

I. os de materiais em processamento, por uma vez e meia o maior custo das matérias-primas adquiridas no período, ou em 80% do valor dos produtos acabados, determinado de acordo com o inciso II;

II. os dos produtos acabados, em 70% do maior preço de venda no período-base.

IMPORTANTE

De acordo com o art. 297 do RIR/1999, "os estoques de produtos agrícolas, animais e extrativos poderão ser avaliados pelos preços correntes de mercado, conforme as práticas usuais em cada tipo de atividade" (Brasil, 1999).

Vale ressaltar que, conforme o Parecer Normativo (PN) do CST n. 5, de 14 de fevereiro de 1986, subitem 3.3.1.2, essa faculdade também é aplicável aos produtores, comerciantes e industriais que lidam com esses mesmos produtos (Brasil, 1986).

> Além disso, conforme o parágrafo 7º do PN CST n. 14, de 19 de maio de 1981, se a avaliação tiver por base o preço de venda e se for considerado que o ICMS faz parte da base de cálculo desse imposto (levando em consideração que seu destaque serve como mera indicação para fins de controle), o valor a ser cobrado pelos produtos acabados e em fabricação será determinado com base no maior preço de venda no período-base, sem excluir qualquer parcela a título de ICMS (Brasil, 1981).

3.4.1.5 Sistemas e métodos de controle de estoques

Para suprir a necessidade de as empresas controlarem os custos adequados às vendas de materiais, mercadorias e produtos, foram criados alguns métodos.

1. **Média Ponderada Móvel (MPM)** – Consiste no processo de calcular os volumes e os valores das entradas multiplicando-os pela frequência em que eles ocorrem. Para entender melhor a respeito do método, analise a Tabela 3.1 a seguir.

Tabela 3.1 – Dados para controle de estoque (Média Ponderada Móvel)

Data	Histórico	ENTRADAS			SAÍDAS			SALDO		
		Quantidade	Unit. (R$)	Valor (R$)	Quantidade	Unit.	Valor (R$)	Quantidade	Unit. (R$)	Valor (R$)
10/03/200X	NF 008	300	9,00	2.700,00				300	9,00	2.700,00
15/03/200X	NF 022	450	11,50	5.175,00				750	10,50	7.875,00
16/03/200X	NF 050	650	11,80	7.670,00				1.400	11,10	15.545,00

A média só ocorre com duas ou mais compras, por isso o saldo final da primeira entrada é igual ao valor da primeira compra. A partir da segunda compra, soma-se o valor do saldo anterior com o valor da segunda compra e, em seguida, divide-se o resultado pelo somatório da quantidade anterior mais a quantidade física da segunda compra.

> **EXEMPLIFICANDO**
>
> Saldo 1 = valor da 1ª compra + valor da 2ª compra
> Saldo 1 = R$ 2.700,00 + R$ 5.175,00
> Saldo 1 = R$ 7.875,00
> Quantidade estocada 1 = quantidade comprada 1 + quantidade comprada 2
> Quantidade estocada 1 = 300 + 450
> Quantidade estocada = 750 unidades
> 1ª MPM = R$ 7.875,00 750
> 1ª MPM = R$ 10,50
> Tanto a **2ª média** quanto as demais são calculadas da mesma forma:
> Saldo 2 = valor da 2ª compra + valor da 3ª compra
> Saldo 2 = R$ 7.875,00 + R$ 7.670,00
> Saldo 2 = R$ 15.545,00
> Quantidade estocada 2 = quantidade comprada 2 + quantidade comprada 3
> Quantidade estocada 2 = 750 + 650
> Quantidade estocada 2 = 1.400 unidades
> 2ª MPM = R$ 15.545,00 ÷ 1.400
> 2ª MPM = R$ 11,10

Para fins de baixa de estoque/transferência, será sempre considerado o valor da última média encontrada. Só haverá variação da média, tanto para mais quanto para menos, quando houver novas compras de valores diferentes.

2. **Primeiro que Entra, Primeiro que Sai (PEPS)** – Nesse sistema, a baixa do estoque ocorre sempre com os produtos que entraram por primeiro na empresa. Atualmente, não há

muita variação e as diferenças entre os sistemas não é muito significativa. Porém, em épocas inflacionárias, as empresas que utilizassem o sistema PEPS teriam sérios problemas de custo, pois a baixa sempre era menor que o custo para a reposição do produto, e certamente pagariam mais Imposto de Renda (IR) por isso.

3. **Último que Entra, Primeiro que Sai (UEPS)** – Nesse sistema, as baixas de estoque ocorrem sempre com os produtos que entraram por último. Seu custo é o mais atualizado ou o de reposição. Esse método não é aceito pela Receita Federal, pois, ao se fazer a baixa pelos produtos que entraram por último, o custo será maior e o lucro será menor. Consequentemente, o IR também será menor.

Nas tabelas a seguir, há uma comparação entre os sistemas UEPS, PEPS e os métodos da MPM.

Tabela 3.2 – Dados para controle de estoque (PEPS)

Data	Histórico	ENTRADAS			SAÍDAS			SALDO		
		Quantidade	Unit.	Valor (R$)	Quantidade	Unit.	Valor (R$)	Quantidade	Unit.	Valor (R$)
10/10/200X	NF 008	300	9,00	2.700,00				300	9,00	2.700,00
15/10/200X	NF 022	450	11,50	5.175,00				450	11,50	5.175
16/10/200X	NF 050	650	11,80	7.670,00				650	11,80	7.670,00

Tabela 3.3 – Dados para controle de estoque (UEPS)

Data	Histórico	ENTRADAS			SAÍDAS			SALDO		
		Quantidade	Unit.	Valor (R$)	Quantidade	Unit.	Valor (R$)	Quantidade	Unit.	Valor (R$)
10/10/200X	NF 008	300	9,00	2.700,00				300	9,00	2.700,00
15/10/200X	NF 022	450	11,50	5.175,00				450	11,50	5.175
16/10/200X	NF 050	650	11,80	7.670,00				650	11,80	7.670,00

Como se pode observar, há divergências entre os métodos:

- Custo baixado pelo PEPS relativo a 100 unidades: R$ 900,00.
- Custo baixado pelo UEPS relativo a 100 unidades: R$ 1.180,00.
- Custo baixado pela MPM relativo a 100 unidades: R$ 1.110,00.

> **IMPORTANTE**
>
> Entre os três métodos, o mais utilizado pelas empresas é o MPM, que também é aceito pela Receita Federal. Muitas empresas utilizam esse sistema de controle de estoques porque o método permite traduzir, de forma mais adequada, as oscilações e as variações de preços.
>
> Já os métodos PEPS e UEPS geram divergências quanto à sua utilização, pois enquanto um trabalha basicamente com custo de reposição (UEPS), o outro trabalha com custo mais antigo (PEPS).

3.5 Ativo Realizável a Longo Prazo

Nessa conta do Ativo são registrados todos os valores desembolsados a título de:

- Depósitos Judiciais;
- Impostos a Recuperar;
- Adiantamento a Diretores;
- Investimentos Temporários de Longo Prazo;
- Incentivos Fiscais.

Sua realização ou transformação em dinheiro ocorre em um prazo superior a 365 dias, após o encerramento do balanço.

3.6 Ativo Permanente

No Ativo Permanente são registrados valores investidos pela empresa, com o intuito de dar estrutura às operações. Podemos dividir o Ativo Permanente em quatro grupos de contas:

I. **Conta Investimentos** – Nessa conta são registrados todos os investimentos em ações de outras sociedades, de forma voluntária e permanente, com o objetivo de ganho. O inciso III do art. 179 da Lei n. 6.404/1976 define a sua natureza "em investimento, as participações permanentes em outras sociedades e os direitos de qualquer natureza, não classificáveis no Ativo Circulante, e que não se destinem à manutenção da atividade da companhia ou da empresa" (Brasil, 1976).

Portanto, segundo a definição legal, deverão ser registradas nessa conta:

- Participações Permanentes (ações de coligada e controlada);
- Investimentos Permanentes (imóveis para renda e futura utilização, obras de arte).

A empresa não precisa, necessariamente, ficar eternamente com esses investimentos e participações. O registro e a atualização dos valores dessas contas são o custo corrigido ou a equivalência patrimonial.

II. **Conta Imobilizado** – Nessa conta são registradas todas as aquisições de bens para as operações produtivas e de estrutura, áreas de exploração e de extração da empresa. Os valores das aquisições servirão para o cálculo da depreciação.

As principais subcontas são:

- Adquirido Separadamente;
- Florestamentos;
- Reflorestamentos;

- Jazidas;
- Minas;
- Semoventes (máquinas);
- Terrenos;
- Equipamentos;
- Ferramentas;
- Móveis e Utensílios;
- Ferramentas;
- Veículos;
- Prédios, Casas, Barracões;
- Computadores e Periféricos;
- *Software*;
- Animais para Trabalho.

III. **Conta Intangível** – Nessa conta, conforme a mudança originada pela Lei n. 11.638/2007[2], devem ser registrados os direitos da empresa que tenham por objeto bens incorpóreos destinados à manutenção da companhia ou exercidos com essa finalidade, inclusive o fundo de comércio adquirido.

IV. **Conta Diferido** – Nesse subgrupo são registrados todos os valores investidos pela empresa, quando da sua constituição, pelo fato de não ter como registrar esses valores como despesas. Por exemplo: taxas, despesas com contratos, terraplanagem, depreciação inicial, salários iniciais, propaganda, entre outros.

············o *Estabelecendo conexões* o············

- Consideramos oportuna, se você estiver interessado em ampliar seus conhecimentos, a leitura do seguinte livro: SELEME, R. B. **Diretrizes e práticas da**

[2] Para obter mais informações, consultar o *site* do Planalto: BRASIL. Lei n. 11.638, de 28 de dezembro de 2007. **Diário Oficial da União**, Poder Legislativo, Brasília, DF, 28 dez. 2007. Disponível em: <http://www.planalto.gov.br/ccivil_03/_ato2007-2010/2007/lei/l11638.htm>. Acesso em: 20 jan. 2014.

gestão financeira e orientações tributárias. Curitiba: Ibpex, 2010.

- Outros documentos que irão ampliar o seu conhecimento sobre o assunto são:

    a) Instrução CVM n. 235, de 23 de março de 1995, que dispõe sobre a divulgação, em nota explicativa, do valor de mercado dos instrumentos financeiros, reconhecidos ou não, nas demonstrações financeiras das companhias abertas, e dá outras providências. Você pode acessá-la no seguinte *site*:

    BRASIL. Comissão de Valores Monetários. Instrução CVM n. 235, de 23 de março de 1995. Disponível em: <http://www.cvm.gov.br>. Acesso em: 27 nov. 2014.

    b) Medida Provisória n. 449, de 3 de dezembro de 2008, que altera a legislação tributária federal. Pode ser encontrada no *site* da Receita Federal:

    BRASIL. Receita Federal. Medida Provisória n. 449, de 3 de dezembro de 2008. **Diário Oficial da União**, Brasília, DF, 4 dez. 2008. Disponível em: <http://www.receita.fazenda.gov.br/Legislacao/MPs/2008/mp449.htm>. Acesso em: 24 abr. 2014.

    c) Deliberação CVM n. 566, de 17 de dezembro de 2008, que trata do reconhecimento, da mensuração e da evidenciação de instrumentos financeiros. Acessível no *site* da Comissão de Valores Mobiliários:

    CVM – Comissão de Valores Mobiliários. Deliberação CVM n. 566, de 17 de dezembro de 2008. Disponível em: <www.cvm.gov.br/asp/cvmwww/Atos/Atos/deli/deli566.doc>. Acesso em: 24 abr. 2014.

Síntese

Identificamos, neste capítulo, definições mais direcionadas sobre a formação das contas do Ativo e algumas definições técnicas. Ficou evidenciada a formação das principais contas e sua localização em uma estrutura contábil.

Destacamos também a participação do Estado (por meio de órgãos fiscalizadores) no comportamento e no acompanhamento dessas contas, ao ditar regras e normas de funcionamento.

Questões para revisão

1. Considere a movimentação a seguir:

    15/10 – Compra de 500 unidades de matéria-prima no valor de R$ 34.000,00, a prazo, com ICMS incluso de 18%.
    16/10 – Compra de 650 unidades de matéria-prima no valor de R$ 26.000,00, a prazo, com ICMS incluso de 18%.
    20/10 – Compra de 700 unidades de matéria-prima no valor de R$ 28.000,00, a prazo, com ICMS incluso de 18%.
    22/10 – Compra de 900 unidades de matéria-prima no valor de R$ 32.000,00, a prazo, com ICMS incluso de 18%.

    Por qual sistema de controle de estoque o custo de transferência ou baixa de 1.800 unidades de matéria-prima será mais alto?

    I – Sistema UEPS.
    II – Sistema PEPS.
    III – Sistema MPM.
    IV – PEPS e UEPS.
    V – UEPS e MPM
    a) Somente a I está correta.
    b) Somente a II está correta.
    c) Somente a III está correta.
    d) Somente a I e a III estão corretas.
    e) Somente a I e a II estão corretas.

2. Da relação de despesas a seguir, determine quais serão lançadas no Ativo Diferido.
   a) Terraplanagem, taxas diversas, salários iniciais, lucro ou prejuízo.
   b) Terraplanagem, amortização, salários iniciais, lucro.
   c) Terraplanagem, taxas diversas, salários iniciais, prejuízo.
   d) Terraplanagem, taxas diversas, salários iniciais.
   e) Nenhuma das alternativas anteriores está correta.

3. Com relação ao registro contábil, uma empresa, ao receber um terreno sob a forma de doação, deverá:
   a) registrar o imóvel em uma conta do Ativo Circulante e contrapartida na conta de Receita.
   b) registrar o imóvel no Ativo Imobilizado e creditar uma conta do Disponível.
   c) registrar em conta do Ativo Imobilizado e contrapartida na conta de Reserva de Capital.
   d) registrar no Estoque para Venda e contrapartida a conta de Receita.
   e) registrar em conta do Imobilizado e a contrapartida na conta de Resultado.

4. Identifique, nas alternativas a seguir, qual conta deverá ser creditada quando da abertura da empresa e da subscrição do capital social.
   a) Caixa.
   b) Capital.
   c) Veículos.
   d) Estoques.
   e) Reserva de Capital.

5. O montante da situação líquida é modificado:
   a) pela aquisição de mercadorias.
   b) pelo pagamento de duplicatas.

c) pelo pagamento de despesas.

d) pelo recebimento de duplicatas.

e) pela apuração do resultado do exercício social.

6. Quais contas pertencem ao Ativo de uma empresa?

   a) Ativo Circulante, Matéria-Prima e Ativo Imobilizado Lucro ou Prejuízo.

   b) Ativo Circulante, Direitos a Receber, Exigível a Longo Prazo e Ativo Permanente.

   c) Ativo Circulante, Direitos a Receber, Exigível a Longo Prazo e Ativo Permanente.

   d) Ativo Circulante, Direitos a Receber, Passivo Circulante e Capital Social.

   e) Ativo Circulante, Realizável a Longo Prazo e Ativo Permanente.

7. De acordo com as informações contábeis a seguir, determine a situação patrimonial da empresa Norte Sul S.A.

Caixa	R$ 3.000,00	Matéria-Prima	R$ 54.000,00
Bancos	R$ 45.000,00	Empréstimos	R$ 41.000,00
Duplicatas a Pagar	R$ 32.500,00	Financiamentos	R$ 80.000,00
Aplicações Financeiras	R$ 4.000,00	Salários a Pagar	R$ 12.000,00
Enc. Sociais a Recolher	R$ 8.500,00	Prod. Acabados	R$ 22.000,00
Máquinas	R$ 14.000,00	Equipamentos	R$ 19.600,00
Fornecedores	R$ 37.000,00	Edificações	R$ 44.000,00

   a) 6.400,00.

   b) 5.400,00.

   c) (5.400,00).

   d) (7.400,00).

   e) (6.400,00).

8. Identifique as informações a seguir, utilizando "O" para origem e "A" para aplicação de recursos.

   ( ) Máquinas Industriais

   ( ) Veículos

   ( ) Financiamentos

( ) Matéria-Prima
( ) Fornecedores
( ) Duplicatas a Pagar
( ) Duplicatas a Receber
( ) Empréstimos
( ) Lucro do Exercício
( ) Móveis e Utensílios

9. Quais são as contas de natureza credora?
    a) Ativas e passivas.
    b) Passivas e de despesas.
    c) Receitas e ativas.
    d) Passivas e de receitas.
    e) Ativas e de despesas.

10. A empresa Vidros Santo André Ltda. possui Ativo Circulante de R$ 150.000,00, Ativo Permanente Líquido de R$ 250.000,00, Dívidas de Curto Prazo de R$ 35.000,00 e Dívidas a Longo Prazo de R$ 100.000,00. Seu Patrimônio Líquido atual é:
    a) R$ 135.000,00.
    b) R$ 265.000,00.
    c) R$ 250.000,00.
    d) R$ 300.000,00.
    e) R$ 600.000,00.

11. Das rubricas a seguir, qual vai constar no Demonstrativo de Resultado do Exercício (DRE)?
    a) Receita de Vendas, Despesas Financeiras e CSLL.
    b) Receita Operacional, Custos de Produção e Despesas Financeiras.
    c) Despesas Financeiras, Despesas com Vendas e Receita com Vendas.
    d) Receitas com Vendas, Despesas Operacionais e CMV-CPV.
    e) Todas as alternativas anteriores estão corretas.

Saiba mais

Para saber mais sobre o assunto tratado neste capítulo, pesquise em outras obras. Dessa forma, outras bibliografias poderão ser pesquisadas para a construção do conhecimento, entre as quais está a seguinte obra:

RIBEIRO, O. **Contabilidade de custos fácil**. São Paulo: Saraiva, 2012.

4

Contas do Passivo, contas redutoras de valores (Depreciação, Amortização e Exaustão) e Demonstração do Resultado do Exercício (DRE)

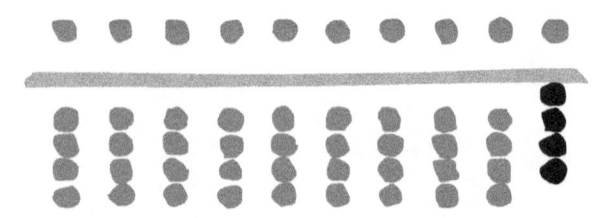

Conteúdos do capítulo

- Contas redutoras de valores.
- Formação das contas do Passivo.
- Demonstração do Resultado do Exercício (DRE).

Após o estudo deste capítulo, você será capaz de:

1. avaliar a influência de cada conta e subconta para a determinação do lucro da empresa.
2. Realizar a leitura do Balanço Patrimonial por meio da DRE.

No Demonstrativo de um Balanço Patrimonial, encontram-se as contas redutoras de valores (inseridas nos Ativos da empresa) e as contas do Passivo. Além disso, para uma leitura do balanço, é preciso conhecer a Demonstração do Resultado do Exercício (DRE), que veremos neste capítulo.

4.1 Contas redutoras de valores

Como tema à parte, depreciação, exaustão e amortização têm papel importante nas empresas em virtude de serem contas redutoras do valor investido pela empresa na sua estruturação, bem como pelo fato de o valor da contrapartida calculada ser redutor dos impostos a pagar.

Dentro desse grupo do Ativo Imobilizado, há as subcontas de Depreciação, Amortização e Exaustão. Com exceção dos terrenos, todos os demais itens que compõem o Ativo Imobilizado de uma empresa sofrem desgaste, quer pela ação do tempo, quer pelo uso contínuo ou pela exploração.

- **Depreciação** – Esse cálculo tem como fator, ou base, o desgaste natural pelo uso contínuo ou pela ação do tempo, ou, ainda, a obsolescência devido às novas tecnologias.
- **Amortização** – O cálculo e a apropriação têm por base a recuperação do capital investido na compra de direitos de uso de marcas e patentes durante o prazo contratualmente adquirido.
- **Exaustão** – O cálculo e a apropriação correspondem à recuperação contábil do valor investido pela exploração dos direitos em jazidas, florestamento, minas, entre outros.

Para melhor nortear o cálculo dessas três contas, a Receita Federal criou regras e taxas específicas para cada tipo de bem integrante do Ativo imobilizado e Diferido pelas empresas.

> **IMPORTANTE**
>
> Desde 1º de janeiro de 1996, com o intuito de finalizar a correção monetária das demonstrações financeiras, as quotas de depreciação a serem registradas na escrituração como custo ou despesa passaram a ser calculadas mediante a aplicação da taxa anual de depreciação sobre o valor em reais do custo de aquisição registrado contabilmente.

Fonte: Receita Federal, 2014.

4.1.1 Depreciação

Para fins de cálculo da depreciação e da apropriação dos resultados, são utilizadas as taxas determinadas pela Secretaria da Receita Federal aplicadas sobre o valor registrado contabilmente de cada bem segundo o prazo estipulado (vide Tabela 4.1).

Calculamos o valor da depreciação mensal, trimestral, semestral ou anual considerando o tempo de vida útil do bem, utilizando taxa correspondente.

> Quais são as taxas permitidas para o cálculo da depreciação?

O valor calculado relativo aos bens depreciados será levado à conta de resultado como:

- custo (bens em uso no processo produtivo);
- despesa operacional (bens de uso em áreas administrativas).

Tabela 4.1 – Principais taxas

BEM	TAXA ANUAL (%)	VIDA ÚTIL (ANOS)
Edificações	4	25
Máquinas e Equipamentos	10	10
Móveis e Utensílios	10	10
Veículos (normal)	20	5
Veículos (acelerada)	25	4
Refrigeradores	25	4
Altos-Fornos (contínuo)	20	5
Ferramentas	20	5
Semoventes	20	5
Veículos de Passageiros	20	5
Tratores	25	4
Motociclos	25	4
Softwares em Geral	20	5

IMPORTANTE

As taxas de depreciação aceitas pela Secretaria da Receita Federal, para fins de depreciação, foram editadas pela Instrução Normativa SRF n. 72, de 27 de julho de 1984 (Brasil, 1984).

> Como são feitos o cálculo e a contabilização da depreciação de bens usados adquiridos?

Em muitas ocasiões, as empresas adquirem bens já usados para suas operações. A Secretaria da Receita Federal, no Regulamento do Imposto de Renda (RIR) – Decreto n. 3.000, de 26 de março de 1999, art. 311 (Brasil, 1999) – define que, nesses casos, a taxa anual de depreciação desses bens será fixada tendo em vista os seguintes prazos:

- "metade do prazo de vida útil admissível para o bem adquirido novo";
- "restante da vida útil do bem, considerada esta em relação à primeira instalação ou utilização desse bem".

4.1.1.1 Contabilização da depreciação

Na contabilização o registro é feito em conta própria, bem por bem, debitando despesa com a depreciação do respectivo bem e, em contrapartida, creditando depreciação acumulada de veículos, por exemplo.

Figura 4.1 – Exemplo de contabilização (debitar/creditar)

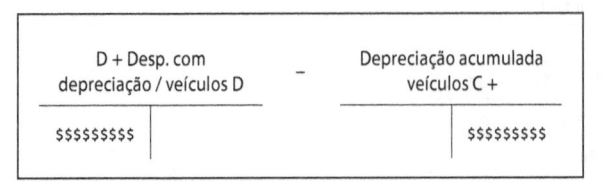

D + Desp. com depreciação / veículos D	Depreciação acumulada veículos C +
$$$$$$$$$	$$$$$$$$$

A despesa com depreciação ou custo com depreciação irá figurar na DRE em custo de produção (bens em uso no processo produtivo/fabril) ou em despesa operacional (bens utilizados para a obtenção de lucro/administração).

Já a depreciação acumulada figurará no Balanço Patrimonial como conta retificadora do bem depreciado, conforme exemplo a seguir.

Figura 4.2 – Exemplo de contabilização de Depreciação Acumulada

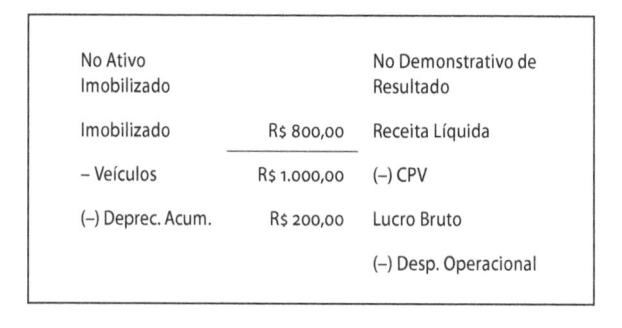

No Ativo Imobilizado		No Demonstrativo de Resultado
Imobilizado	R$ 800,00	Receita Líquida
– Veículos	R$ 1.000,00	(–) CPV
(–) Deprec. Acum.	R$ 200,00	Lucro Bruto
		(–) Desp. Operacional

> Quais bens não podem ser objeto de depreciação?

Conforme o art. 307 do RIR/1999, não será admitida quota de depreciação relativamente a:

- terrenos, salvo em relação a melhoramentos ou construções;
- prédios ou construções destinados à revenda;
- bens que normalmente aumentam de valor com o tempo, como obras de arte e antiguidades;
- bens para os quais seja registrada quota de exaustão.

> Quando se pode dar início à depreciação?

Conforme o parágrafo 2º do art. 305 do RIR/1999, a depreciação começa e é dedutível como custo ou despesa operacional "a partir da época em que o bem é instalado, posto em serviço ou em condições de produzir" (Brasil, 1999).

> Como devemos proceder para fazer a depreciação de bens aplicados na exploração mineral ou florestal?

De acordo com o exposto no parágrafo 3º do art. 309 do RIR/1999, para os bens utilizados em processos de exploração de minas, jazidas e florestas, deve-se observar o período de exploração, o prazo da concessão ou do contrato de exploração ou, ainda, o volume da produção de cada período e sua relação com a capacidade conhecida da mina ou a dimensão da floresta explorada.

> Quais situações podemos utilizar para uma empresa depreciar seus bens?

No tocante à depreciação, podem-se utilizar duas situações para depreciar os bens de uma empresa:

I. **Tradicional e usual** – Relativa à diminuição acelerada do valor dos bens móveis, resultantes de processo ou regime de produção superior a um turno de operação (a legislação fiscal acata a sua dedutibilidade). Trata-se de depreciação acelerada.

II. **Determinada, incentivada e considerada como benefício fiscal** – Reconhecida pela legislação tributária apenas para fins da apuração do lucro real, sendo registrada no Livro de Apuração do Lucro Real (Lalur) sem qualquer lançamento contábil.

> Quais critérios são utilizados para aplicação da depreciação acelerada?

A Receita Federal, por meio do art. 312 do RIR/1999, determinou que os cálculos da depreciação com taxas acima das permitidas sejam aplicados, em função do número de horas diárias do processo produtivo, com os seguintes coeficientes: "a) 1,0 – para um turno de oito horas de operação; b) 1,5 – para dois turnos de oito horas de operação; c) 2,0 – para três turnos de oito horas de operação" (Brasil, 1999).

Dessa maneira, um bem com taxa de depreciação de 10% ao ano poderá sofrer depreciação em 15% ao ano caso opere

16 horas por dia. Além disso, esse mesmo bem poderá ser depreciado em 20% ao ano caso opere 24 horas por dia.

Caso sejam atendidas as exigências legais relativas a cada regime de horas, não há impedimento para que seja aplicada de forma cumulativa. Caso não haja tal obediência, um dos direitos será infringido. É importante lembrar também que, considerando a regra impeditiva, o montante acumulado das cotas de depreciação não deve ultrapassar o custo de aquisição do bem registrado, conforme consta no Parecer Normativo CST n. 95, de 1º de setembro de 1975 (Brasil, 1975a).

4.1.2 Amortização

O cálculo de amortização serve para a recuperação contábil do capital aplicado na aquisição de direitos cuja existência ou exercício tenha duração limitada, na aquisição de bens cuja utilização pelo contribuinte tenha o prazo limitado por lei ou contrato e em custos, encargos ou despesas registrados no Ativo Diferido, os quais contribuirão para a formação do resultado de mais de um período-base.

De acordo com os arts. 326 e 327 do RIR/1999, a quota de amortização dedutível em cada período-base será fixada pela aplicação da taxa anual de amortização sobre o valor original do capital aplicado ou das despesas registradas no Ativo Diferido.

A taxa anual de amortização também pode ser ajustada proporcionalmente ao período de amortização, caso este tenha início ou termine no período de apuração anual ou seja inferior a doze meses.

Essa taxa de amortização é determinada de acordo com o número de anos restantes de existência do direito ou com o número de períodos-base em que deverão ser usufruídos os benefícios decorrentes das despesas registradas no Ativo Diferido.

> Qual é o objeto de amortização?

Fazem parte do cálculo da amortização, conforme consta no inciso I do art. 325 do RIR/1999, os seguintes investimentos:

> Art. 325 [...]
> a. patentes de invenção, fórmulas e processos de fabricação, direitos autorais, licenças, autorizações ou concessões;
> b. investimento em bens que, nos termos da lei ou contrato que regule a concessão de serviço público, devem reverter ao poder concedente, ao fim do prazo da concessão, sem indenização;
> c. custo de aquisição, prorrogação ou modificação de contratos e direitos de qualquer natureza, inclusive de exploração de fundo de comércio;
> d. custo das construções ou benfeitorias em bens locados ou arrendados ou em bens de terceiros, quando não houver direito ao recebimento de seu valor;
> e. o valor dos direitos contratuais de exploração de florestas por prazo determinado, na forma do art. 328 (Brasil, 1999).

> Quais custos e despesas são amortizados?

A Receita Federal, por meio do art. 324 e do inciso II do art. 325 do RIR/1999, determina quais são os custos, os encargos ou as despesas, registrados no Ativo Diferido, que contribuem com a formação do resultado de mais de um período-base:

I. A partir do início das operações, as despesas de organização pré-operacionais ou pré-industriais;

II. O custo de pesquisas científicas ou tecnológicas, inclusive com experimentação, para criação ou aperfeiçoamento de produtos, processos, fórmulas e técnicas de produção, administração ou venda, ou com prospecção e cubagem de jazidas ou depósitos, realizadas por concessionárias de pesquisa ou lavra de minérios, sob a orientação técnica de engenheiro de minas, se o contribuinte optar pela sua capitalização;

III. A partir da exploração da jazida ou mina, ou do início das atividades das novas instalações, os custos e as despesas de desenvolvimento de jazidas e minas ou de expansão de atividades industriais, classificados como Ativo até o término da construção ou da preparação para exploração;

IV. A partir do momento em que for iniciada a operação ou atingida a plena utilização das instalações, a parte de custos, encargos e despesas operacionais registrados como Ativo Diferido durante o período em que a empresa, na fase inicial da operação, utilizou apenas parcialmente o seu equipamento ou as suas instalações.

É importante lembrar que, desde janeiro de 1996, só é considerada dedutível a amortização de bens e direitos intrinsecamente relacionados à produção ou à comercialização dos bens e serviços.

> **IMPORTANTE**
>
> Na amortização, os valores calculados como encargos anuais não poderão ter como base um prazo menor que cinco anos; portanto, a amortização terá de considerar um prazo superior a este.

Os valores classificados contabilmente e que podem ser amortizados nas empresas são:

I. Os juros durante o período de construção e pré-operação registrados no Ativo Diferido (inclusive o de empréstimos contraídos para financiar a aquisição ou construção de bens do Ativo Permanente, incorridos durante as fases de construção e pré-operacional);

II. Os juros pagos ou creditados aos acionistas durante o período que antecede o início das operações sociais ou de implantação do empreendimento inicial, registrados no Ativo Diferido;

III. Os custos, as despesas e outros encargos com reestruturação, reorganização ou modernização da empresa.

> Quais são os limites para a amortização?

Os valores acumulados referentes às quotas de amortização, de acordo com a Receita Federal (Brasil, 2011), não poderão ultrapassar o custo de aquisição do direito ou bem ou o total da despesa efetuada, registrado contabilmente, conforme o especificado no parágrafo 1º do art. 324 do RIR/1999.

> Quando ocorre o início da amortização?

Após o início das operações e os primeiros resultados, a empresa começará a amortizar os valores investidos na fase pré-operacional, seguindo o que preconiza o art. 324 do RIR/99:

> Art. 324. Poderá ser computado, como custo ou encargo, em cada período de apuração, a importância correspondente à recuperação do capital aplicado, ou dos recursos aplicados em despesas que contribuam para a formação do resultado de mais de um período de apuração (Lei nº 4.506, de 1964, art. 58 e Decreto-Lei nº 1.598, de 1977, art. 15, parágrafo 1º).
> § 1º Em qualquer hipótese, o montante acumulado das quotas de amortização não poderá ultrapassar o custo de aquisição do bem ou direito, ou o valor das despesas (Lei nº 4.506, de 1964, art. 58, parágrafo 2º).
> § 2º Somente serão admitidas as amortizações de custos ou despesas que observem as condições estabelecidas neste Decreto (Lei nº 4.506, de 1964, art. 58, parágrafo 5º).
> § 3º Se a existência ou o exercício do direito, ou a utilização do bem, terminar antes da amortização integral de seu custo, o saldo não amortizado constituirá encargo no período de

apuração em que se extinguir o direito ou terminar a utilização do bem (Lei nº 4.506, de 1964, art. 58, parágrafo 4º).

§ 4º Somente será permitida a amortização de bens e direitos intrinsecamente relacionados com a produção ou comercialização dos bens e serviços (Lei nº 9.249, de 1995, art. 13, inciso III). (Brasil, 1999)

> Quais itens podem ser considerados *despesas amortizáveis?*

Encontramos no art. 325 do RIR/1999 os itens considerados como despesas amortizáveis, quais sejam

Art. 325 [...]
I. o capital aplicado na aquisição de direitos cuja existência ou exercício tenha duração limitada, ou de bens cuja utilização pelo contribuinte tenha o prazo legal ou contratualmente limitado, tais como (Lei nº 4.506, de 1964, art. 58):
   a. patentes de invenção, fórmulas e processos de fabricação, direitos autorais, licenças, autorizações ou concessões;
   b. investimento em bens que, nos termos da lei ou contrato que regule a concessão de serviço público, devem reverter ao poder concedente, ao fim do prazo da concessão, sem indenização;
   c. **custo de aquisição, prorrogação ou modificação de** contratos e direitos de qualquer natureza, inclusive de exploração de fundos de comércio;
   d. custos das construções ou benfeitorias em bens locados ou arrendados, ou em bens de terceiros, quando não houver direito ao recebimento de seu valor;
   e. **valor dos direitos contratuais de exploração de florestas** de que trata o art. 328.
II. os custos, encargos ou despesas, registrados no Ativo Diferido, que contribuirão para a formação do resultado de mais de um período de apuração, tais como:

a. as despesas de organização pré-operacionais ou pré-industriais (Lei nº 4.506, de 1964, art. 58, parágrafo 3º, alínea "a");

b. as despesas com pesquisas científicas ou tecnológicas, inclusive com experimentação para criação ou aperfeiçoamento de produtos, processos, fórmulas e técnicas de produção, administração ou venda, de que trata o caput do art. 349, se o contribuinte optar pela sua capitalização (Lei nº 4.506, de 1964, art. 58, parágrafo 3º, alínea "b");

c. as despesas com prospecção e cubagem de jazidas ou depósitos, realizadas por concessionárias de pesquisa ou lavra de minérios, sob a orientação técnica de engenheiro de minas, de que trata o parágrafo 1º do art. 349, se o contribuinte optar pela sua capitalização (Lei nº 4.506, de 1964, art. 58, parágrafo 3º, alínea "b");

d. os custos e as despesas de desenvolvimento de jazidas e minas ou de expansão de atividades industriais, classificados como Ativo Diferido até o término da construção ou da preparação para exploração (Lei nº 4.506, de 1964, art. 58, parágrafo 3º, alínea "c");

e. a parte dos custos, encargos e despesas operacionais registrados como Ativo Diferido durante o período em que a empresa, na fase inicial da operação, utilizou apenas parcialmente o seu equipamento ou as suas instalações (Lei nº 4.506, de 1964, art. 58, parágrafo 3º, alínea "d");

f. os juros durante o período de construção e pré-operação (Decreto-Lei nº 1.598, de 1977, art. 15, parágrafo 1º, alínea "a");

g. os juros pagos ou creditados aos acionistas durante o período que anteceder o início das operações sociais ou de implantação do empreendimento inicial (Decreto-Lei nº 1.598, de 1977, art. 15, parágrafo 1º, alínea "b");

h. custos, despesas e outros encargos com a reestruturação, reorganização ou modernização da empresa (Decreto-Lei nº 1.598, de 1977, art. 15, parágrafo 1º, alínea "c").

§ 1º A amortização terá início (Lei nº 4.506, de 1964, art. 58, § 3º):

I. no caso da alínea "a" do inciso II, a partir do início das operações;

II. no caso da alínea "d" do inciso II, a partir da exploração da jazida ou mina, ou do início das atividades das novas instalações;

III. no caso da alínea "e" do inciso II, a partir do momento em que for iniciada a operação ou atingida a plena utilização das instalações.

§ 2º Não será admitida amortização de bens, custos ou despesas para os quais seja registrada quota de exaustão (Lei nº 4.506, de 1964, art. 58, § 6º). (Brasil, 1999)

> Quais são os critérios para deduzir quotas de amortização?

As empresas poderão deduzir quotas de amortização conforme o que está previsto no art. 326 do RIR/1999:

Art. 326. A quota de amortização dedutível em cada período de apuração será determinada pela aplicação da taxa anual de amortização sobre o valor original do capital aplicado ou das despesas registradas no Ativo Diferido (Lei nº 4.506, de 1964, art. 58, § 1º).

§ 1º Se a amortização tiver início ou terminar no curso do período de apuração anual, ou se este tiver duração inferior a doze meses, a taxa anual será ajustada proporcionalmente ao período de amortização, quando for o caso.

§ 2º A amortização poderá ser apropriada em quotas mensais, dispensado o ajuste da taxa para o capital aplicado ou baixado no curso do mês. (Brasil, 1999)

> Qual é a taxa anual de amortização?

No que se refere à taxa de amortização, as empresas deverão observar o que determina o art. 327 do RIR/1999:

Art. 327. A taxa anual de amortização será fixada tendo em vista:

I. o número de anos restantes de existência do direito (Lei nº 4.506, de 1964, art. 58, § 1º);

II. o número de períodos de apuração em que deverão ser usufruídos os benefícios decorrentes das despesas registradas no Ativo Diferido.

Parágrafo único. O prazo de amortização dos valores de que tratam as alíneas a a e do inciso II do art. 325 não poderá ser inferior a cinco anos (Lei nº 4.506, de 1964, art. 58, parágrafo 3º). (Brasil, 1999)

4.1.3 Exaustão

A exaustão se refere a esgotar os direitos do Ativo, ao longo do tempo, decorrentes de exploração (extração ou aproveitamento).

No balanço, os direitos serão classificados no Ativo Imobilizado e deverão ser avaliados pelo custo de aquisição deduzido do saldo da respectiva conta de Exaustão Acumulada (Lei n. 6.404, de 15 de dezembro de 1976, art. 183, inciso V – Brasil, 1976). O processo de exaustão segue os mesmos princípios de cálculo com taxas e métodos específicos, conforme a exploração.

Conforme informações do *site* da Receita Federal, deve-se registrar periodicamente nas contas de exaustão a diminuição de valor dos elementos do Ativo Imobilizado, quando ela corresponder à perda do valor decorrente da sua exploração, de direitos cujo objeto sejam recursos minerais ou florestais ou bens aplicados nessa exploração (Lei n. 6.404/1976, art. 183, parágrafo 2º, alínea "c").

IMPORTANTE

Os procedimentos que devem ser observados no cálculo da quota anual de exaustão estão contidos nos arts. 330 e 334 do RIR/1999.

4.2 Formação das contas do Passivo

As contas do Passivo compreendem algumas subcontas, as quais serão analisadas a seguir.

4.2.1 Contas do Passivo Circulante

Nas contas do Passivo circulante registram-se todas as obrigações a vencer até 365 dias do encerramento do Balanço Patrimonial. As obrigações mais comuns encontradas em um balanço são, entre outras:

- Duplicatas a Pagar;
- Salários a Pagar;
- Empréstimos a Pagar;
- Encargos Sociais a Recolher;
- Impostos e Contribuições a Recolher.

As empresas diferem umas das outras em virtude das contas ou rubricas que possuem. O que deve ser seguido são as normas técnicas para apresentação do plano de contas e do Balanço Patrimonial.

Fazem parte do Passivo Circulante:

- Fornecedores em Geral;
- Encargos Sociais a Recolher;
- Adiantamentos Recebidos;
- Impostos a Recolher;
- Salários a Pagar;
- Empréstimos.

4.2.2 Contas do Exigível a Longo Prazo

Nas contas do Exigível a Longo Prazo são registradas as obrigações contraídas pela empresa e que serão exigíveis 365 dias após o fechamento do Balanço Patrimonial.

Encontramos nessa subconta obrigações como financiamentos a pagar e parcelamento de impostos.

4.2.3 Contas do Patrimônio Líquido

O Patrimônio Líquido constitui a diferença entre os valores da soma dos bens e direitos e o que a empresa possui de obrigações; representa os valores pertencentes aos sócios ou proprietários. Esses valores dão origem à empresa (capital social) e às suas variações positivas ou negativas (lucro/prejuízo), relativas às operações realizadas pela organização.

A fórmula para calcular o valor do Patrimônio Líquido (PL) é:

$$PL = Bens + Direitos - Obrigações$$

Com o advento da Lei n. 11.638, de 28 de dezembro de 2007, que altera e revoga dispositivos da Lei n. 6.404/1976, a composição do Patrimônio Líquido ficou assim estabelecida:

- Capital Social;
- Reservas de Capital;
- Ajustes de Avaliação Patrimonial;
- Reservas de Lucros;
- Ações em Tesouraria;
- Reservas de Contingência;
- Lucro/Prejuízo Acumulados (Brasil, 2007).

4.3 Demonstração do Resultado do Exercício (DRE)

Outro grande grupo de contas que a empresa é obrigada a apresentar é a Demonstração do Resultado do Exercício (DRE). Trata-se de um Demonstrativo utilizado para determinar e apurar se houve ou não resultado em suas operações comerciais de compra, venda ou transformação (no caso de indústria).

A empresa utiliza esse Demonstrativo para informar:

- a receita com vendas;
- as devoluções;
- os abatimentos;
- os impostos calculados;
- o custo da mercadoria vendida ou o custo do produto vendido;
- as despesas operacionais (administrativas, de vendas e financeiras);
- a receita ou a despesa não operacional;
- os impostos sobre a renda e a contribuição social;
- a participação de funcionários nos lucros da empresa;
- o lucro final.

A forma desse Demonstrativo é decrescente, o que significa que na sua elaboração parte-se da receita até chegar ao lucro final (forma dedutiva).

Quadro 4.1 – Modelo básico para DRE

= RECEITA BRUTA DE VENDAS OU SERVIÇOS			
(–) DEVOLUÇÕES / ABATIMENTOS			
(–) IMPOSTOS	ICMS	18,00%	
	PIS	0,65%	
	COFINS	3,00%	
= RECEITA LÍQUIDA			
(–) CUSTO DO PRODUTO VENDIDO (CPV) OU			
(–) CUSTO DA MERCADORIA VENDIDA (CMV)			
= LUCRO BRUTO			
(–) DESPESAS OPERACIONAIS			
(–) ADMINISTRATIVAS			
(–) VENDAS			

(continua)

(Quadro 4.1 - conclusão)

(–) FINANCEIRAS
= LUCRO OPERACIONAL
(+/–) RESULTADO NÃO OPERACIONAL
= LUCRO ANTES DO IMPOSTO DE RENDA E CONTRIBUIÇÃO SOCIAL SOBRE O LUCRO LÍQUIDO
(–) IMPOSTO DE RENDA 15%
(–) CONTRIBUIÇÃO SOCIAL SOBRE O LUCRO 9%
= LUCRO APÓS IR E CSL
(–) PARTICIPAÇÕES
DEBÊNTURES
EMPREGADOS
ADMINISTRADORES
= LUCRO / PREJUÍZO DO EXERCÍCIO

DRE SIMPLIFICADO
= RECEITA BRUTA COM VENDAS
(–) IMPOSTOS (ICMS, PIS, COFINS)
(–) CUSTO DE PRODUÇÃO
(–) DESPESAS ADMINISTRATIVAS
(–) DESPESAS COM VENDAS
(–) DESPESAS FINANCEIRAS
(+/–) RESULTADO NÃO OPERACIONAL
=LAIR
(–) IRPJ + CSLL
= LUCRO/PREJUÍZO

> O que pode ser classificado como receita em uma empresa?

A receita corresponde, em geral, às vendas de produtos fabricados, à revenda ou às prestações de serviços. Ela consta no balanço por meio da entrada de dinheiro no caixa (Receita à Vista) ou da entrada em forma de direitos a receber (Duplicatas a Receber).

A receita sempre aumenta o Ativo, embora nem todo aumento de Ativo signifique receita. Por exemplo, empréstimos bancários e financiamentos, apesar de aumentarem o caixa/banco da empresa, não são considerados receitas.

As operações de receita recebem classificação contábil, como é possível ver no Quadro 4.2.

Quadro 4.2 – Classificação contábil de uma venda feita à vista e a prazo

Operações	A prazo	Registro	À vista	Registro
Receita	Duplicatas a Receber	Ativo	Caixa ou Banco	Ativo

Todas as vezes que entrar dinheiro no caixa por meio de receita à vista, como recebimentos, essa operação será denominada *encaixe*.

> O que pode ser classificado como despesa?

A despesa é todo desembolso que a empresa faz para obter a receita. Ela é registrada no balanço como uma redução do caixa pelo pagamento à vista ou mediante o aumento do Passivo (dívida) quando a despesa é a prazo.

Pode, ainda, originar-se de outras reduções de Ativo (além do caixa), como é o caso da depreciação – ela é calculada e seu registro é levado para uma conta redutora, por mais que não ocorra o efetivo desembolso.

Assim como a receita, a despesa tem uma demonstração e uma classificação contábil, como pode ser visto no Quadro 4.3.

Quadro 4.3 – Classificação contábil de uma despesa feita à vista e a prazo

Operações	A prazo	Registro	À vista	Registro
Despesa	Duplicatas a pagar	Passivo	Caixa ou banco	Ativo

Por sua vez, quando a empresa vende um produto (fabricação ou revenda), o processo de registro envolve vários lançamentos contábeis. Em uma simples venda, as contas envolvidas são as destacadas na sequência:

1. Contabilização da receita/venda:

    a) Venda a prazo de produtos no valor de R$ 200.000,00.

    b) ICMS calculado à razão de 87% = R$ 36.000,00.

    c) CPV (Custo do Produto Vendido) correspondente a R$ 70.000,00.

2. Contabilização da receita:

Duplicatas a Receber	Receitas com Vendas
R$ 200.000,00	R$ 200.000,00

3. Contabilização dos impostos (ICMS) pela venda:

Despesas com ICMS	ICMS sobre Vendas
R$ 36.000,00	R$ 36.000,00

4. Contabilização do PIS (Programa de Integração Social):

+ Despesa com PIS –	– PIS a Recolher +
R$ 1.300,00	R$ 1.300,00

5. Contabilização da Cofins (Contribuição para o Financiamento da Seguridade Social):

+ Despesa com Cofins –	– Cofins a Recolher +
R$ 6.000,00	R$ 6.000,000

6. Contabilização do CPV ou da mercadoria vendida:

+ Estoque de Produtos Acabados –		+ Custo do Produto Vendido –
R$ 98.000,00	R$ 70.000,00	R$ 70.000,00

7. Contabilização do imposto (ICMS) na compra de matéria-prima. São duas etapas nessa contabilização:

   I. Contabilização de compra a prazo de matéria-prima

   a) Compra de matéria-prima = R$ 135.000,00.

   b) Valor do ICMS incluso na compra = R$ 24.300,00.

   II. Contabilização pela entrada no estoque da matéria-prima

Estoque de Matéria-Prima	Duplicatas a Pagar
R$ 110.700,00	R$ 135.000,00

ICMS a Recuperar	
R$ 24.300,00	

Por ocasião do fechamento do período mensal, deve a empresa confrontar os impostos a recuperar (Ativo) e os impostos incidentes sobre vendas (Passivo) para a determinação do imposto a recolher.

Se porventura nesse confronto for apurado saldo credor, o valor deverá ser levado à conta Impostos a Recolher (Passivo Circulante). Caso contrário, se for apurado saldo devedor, o valor deverá ser levado à conta Imposto a Recuperar (Ativo Circulante).

> **IMPORTANTE**
>
> A legislação do ICMS determina que, na aquisição de mercadorias a serem utilizadas para transformação, revenda etc., o valor do imposto ICMS (caso exista) deve ser dissociado dos estoques, ou seja, contabilizado em uma conta separada e intitulada Imposto a Recuperar.

8. Contabilização para recolhimento de saldo credor:

    No exemplo descrito na contabilização anterior, o confronto gerou um saldo credor, ou seja, a empresa terá de recolher, pela venda do produto, a diferença entre R$ 24.300,00 (pelo crédito tributário do ICMS na entrada do produto) e o imposto sobre vendas (R$ 34.000,00).

Imposto a Recuperar		Imposto sobre Vendas	
R$ 24.300,00	R$ 24.300,00 (1)	(2) R$ 34.000,00	R$ 34.000,00

    O valor em referência (R$ 9.700,00) é a diferença entre o "imposto a recuperar" e o "impostos sobre a venda" e vai figurar no Passivo Circulante como Imposto a Recolher.

> **IMPORTANTE**
>
> O PIS e a Cofins podem ser, em algumas situações, cumulativos – isso dependerá da forma de tributação da pessoa jurídica. O valor calculado sobre a receita bruta de vendas já é o valor a ser recolhido aos cofres públicos, por não haver compensação.

Síntese

Foi possível observar, neste capítulo, que o processo contábil é detalhista e direcionado. Ele determina de forma clara de onde vieram e para onde foram os recursos.

Esse detalhamento, apesar de trabalhoso, irá nortear a empresa no futuro, pois indicará o rumo que ela deverá tomar. Informará também a quem for de direito (sócios, governo, credores, fornecedores) qual é a sua participação financeira (lucro, impostos, recebimentos e pagamentos).

Esse é um dos papéis principais da contabilidade: por isso, os empresários devem valorizá-la em todos os seus aspectos.

Questões para revisão

1. A receita líquida de vendas corresponde à:
    a) receita bruta de vendas ou serviços menos custo das mercadorias vendidas.
    b) receita bruta de vendas ou serviços menos despesas operacionais.
    c) receita bruta de vendas ou serviços menos impostos sobre as vendas.
    d) receita bruta de vendas ou serviços menos Imposto de Renda (IR) e Contribuição Social sobre o Lucro (CSLL).
    e) receita bruta de vendas ou serviços menos CPV.

2. Assinale as taxas corretas da depreciação dos bens registrados no Ativo Permanente Imobilizado (conforme legislação vigente):
    a) Veículos – 20%; móveis – 10%; máquinas – 20%; computador – 20%; equipamentos – 10%.
    b) Veículos – 20%; móveis – 10%; máquinas – 10%; computador – 10%; equipamentos – 10%.
    c) Veículos – 10%; móveis – 10%; máquinas – 10%; ferramentas – 10%; computador – 20%.

d) Veículos – 10%; móveis – 10%; máquinas – 10%; ferramentas – 10%; computador – 10%.

e) Veículos – 20%; móveis – 10%; máquinas – 10%; ferramentas – 10%; computador – 20%.

3. Considere as informações contábeis a seguir, referentes aos bens do Ativo imobilizado adquiridos no ano de 200x:

- Edificações no valor de R$ 130.000,00, ativadas em 16/03/201x.
- Veículo no valor de R$ 47.000,00, ativado em 11/01/201x.
- Móveis no valor de R$ 80.000,00, ativados em 16/07/201x.
- Máquina no valor de R$ 154.000,00, ativada em 12/06/201x.
- Ferramentas no valor de R$ 22.000,00, ativadas em 16/10/201x.
- Computador no valor de R$ 3.400,00, ativado em 08/08/201x.

Agora responda: quais seriam, respectivamente, os valores das depreciações, com base em 31/12/201x? (Para responder, use duas casas decimais).

a) R$ 3.900,00; R$ 9.400,00; R$ 4.333,33; R$ 5.777,33; R$ 763,33; R$ 383,33.

b) R$ 3.900,00; R$ 6.266,66; R$ 3.333,33; R$ 8.983,33; R$ 633,33; R$ 483,33.

c) R$ 3.900,00; R$ 9.400,00; R$ 6.333,33; R$ 6.983,33; R$ 733,33; R$ 283,33.

d) R$ 3.900,00; R$ 9.400,00; R$ 3.333,33; R$ 8.983,33; R$ 733,33; R$ 283,33.

e) R$ 3.900,00; R$ 6.266,66; R$ 5.333,33; R$ 6.777,33; R$ 833,33; R$ 583,33.

Para responder às questões 4 e 5, analise o balanço da empresa Alfa:

Ativo		Passivo	
Ativo CIRCULANTE	R$ 515.300	Passivo CIRCULANTE	R$ 301.890
Disponível	R$ 30.700	Fornecedores	R$ 150.800
Direitos	R$ 308.000	Impostos a Pagar	R$ 31.000
Estoques	R$ 174.600	Salários a Pagar	R$ 37.000
Despesas Antecipadas	R$ 2.000	Enc. Sociais a Pagar	R$ 34.200
NÃO CIRCULANTE		Prov. para Imp. de Renda	R$ 1.890
REALIZÁVEL a Longo Prazo	R$ 46.490	Empréstimos a Pagar	R$ 38.000
Depósitos Judiciais	R$ 3.490	NÃO CIRCULANTE	
Impostos a Recuperar	R$ 43.000	EXIG. A LONGO PRAZO	R$ 114.000
Ativo PERMANENTE	R$ 149.600	Financiamentos	R$ 30.000
Investimentos	R$ 7.600	Parc. Impostos	R$ 84.000
Imobilizado	R$ 120.000	PATRIMÔNIO LÍQUIDO	R$ 295.500
Intangível	R$ 000	Capital Social	R$ 281.000
Diferido	R$ 22.000	Lucro do Exercício	R$ 14.500
Ativo TOTAL	R$ 711.390	Passivo TOTAL	R$ 711.390

4. O valor do Capital Circulante Líquido (CCL) e a origem de capital de terceiros, de curto e longo prazos, com base no Balanço Patrimonial acima indicado, está composto de:

	CCL R$	TOTAL DAS ORIGENS R$
a)	213.410	14.500
b)	214.310	415.890
c)	213.410	409.500
d)	213.410	295.500
e)	301.890	114.000

5. Podemos afirmar que a participação de capital de terceiros, separados em Curto Prazo (CP) e Longo Prazo (LP), corresponde (em %) respectivamente a:

a)	CP	44,54%	LP	63,19%
b)	CP	47,43%	LP	19,15%
c)	CP	45,43%	LP	10,12%
d)	CP	16,02%	LP	54,16%
e)	CP	42,43%	LP	16,02%

Saiba mais

Para aprofundar os assuntos deste tópico, é interessante que o leitor navegue pelo *site* da Receita Federal, a fim de conhecer o funcionamento legal do sistema tributário e da legislação vigente. Essa pesquisa com certeza enriquecerá de forma substancial os estudos e o aprendizado:

BRASIL. **Receita Federal**. Disponível em: <www.receita.fazenda.gov.br>. Acesso em: 17 abr. 2014.

Lançamentos contábeis

5

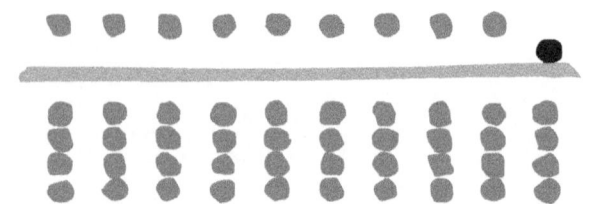

Conteúdos do capítulo

- Lançamentos contábeis pelo método das partidas dobradas.
- Lançamentos contábeis e legislação.
- Caracterização de algumas despesas.
- Situação contábil dos créditos de uma empresa.
- Modelo de plano de contas.

Após o estudo deste capítulo, você será capaz de:

1. verificar o comportamento e a movimentação dos números, identificar os valores credores e devedores e como são classificados na empresa;
2. entender o famoso "débito *versus* crédito", conferindo como são fáceis de trabalhar e de registrar.

Para realizar os lançamentos contábeis e os registros dos valores que uma empresa movimenta a todo instante, utiliza-se como ferramenta a planilha contábil, ou ficha de lançamento contábil.

Essa planilha é desmembrada em Ativo e Passivo, sendo utilizada conforme a natureza de cada lançamento: a débito ou a crédito (direitos e obrigações).

> **IMPORTANTE**
>
> É essencial observar a disposição das contas de acréscimo (+) Ativo e de redução (–) Passivo. É válido lembrar que, para cada lançamento, é necessário abrir um razonete (conta) específico.

5.1 Lançamentos contábeis pelo método das partidas dobradas

O método das partidas dobradas segue a lógica da matemática – tendo surgido dessa ciência – e consiste em uma equação constante entre débito e crédito (D = C). Nela, cada débito deve ter em contrapartida um crédito e vice-versa.

a. Débito	10	Crédito	10		
b. Débito	10	Crédito	5	Crédito	5
c. Crédito	10	Débito	5	Débito	5

O importante é que os valores dos débitos fechem com os valores dos créditos.

I. **Lançamentos em contas do Ativo** – Para as contas do Ativo, o registro ocorre da seguinte maneira:

- Para qualquer valor que venha a aumentar o seu saldo, o lançamento será sempre a débito da respectiva conta.

- Todas as vezes que diminuirmos o saldo de uma conta do Ativo, faremos um lançamento a crédito da respectiva conta.

II. **Lançamentos em contas do Passivo** – Já no Passivo os procedimentos são os seguintes:

- Sempre que aumentarmos o saldo ou valor de nossas dívidas (obrigações), estaremos creditando uma conta do Passivo.

- Quando diminuirmos uma conta do Passivo (pagamento ou redução), estaremos debitando a respectiva conta.

> **EXEMPLIFICANDO**
>
> Consideraremos, como exemplo, a compra de uma máquina para nosso Imobilizado, com pagamento em duas parcelas no valor total de R$ 15.000,00. Como serão feitos os lançamentos?
>
> | Ativo | Passivo |
> |---|---|
> | D+ Máquinas C– | D– Duplicatas a Pagar C+ |
> | (a) R$ 15.000 | R$ 15.000 |

III. **Lançamento em contas de resultado** – A conta de resultado envolve a apuração do lucro/prejuízo da empresa em um determinado período de tempo – mensal, semestral ou anual. Esse grupo recebe as contas de receitas e de despesas originadas pelas operações da empresa. O tratamento fiscal e tributário separa contabilmente esses valores. Assim, no Demonstrativo estarão em separado: contas de receita e contas de despesa.

IV. **Contas de receita** – Todas as vezes que a empresa realizar uma operação de venda de mercadorias ou de serviços, registrará esses valores em uma conta denominada Receita Bruta de Vendas ou de Serviços. Essa conta será creditada pelo valor das vendas de produtos ou de serviços e será debitada quando ocorrer redução por cancelamento das vendas de produtos ou de serviços. A contrapartida será a conta Bancos (À Vista) ou Duplicatas a Receber (Vendas a Prazo).

(–) Receita com Vendas (+)
$$$$$$$$$$$

v. **Contas de despesas** – Em toda e qualquer operação que envolva um desembolso a título de despesa ou custo, a respectiva conta será debitada pelo valor correspondente. A conta será creditada quando ocorrer redução do respectivo saldo.

Portanto, todas as contas que envolvam despesas e custos serão debitadas e fazem parte, com contas de receitas, das contas de resultado.

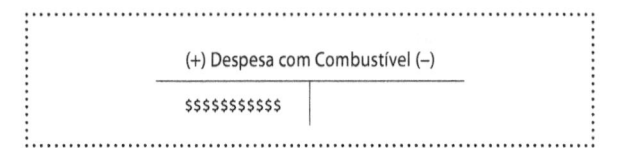

```
            (+) Despesa com Combustível (–)
            ─────────────────────────────────
            $$$$$$$$$$$ |
```

Fazemos os lançamentos contábeis utilizando o plano de contas, para facilitar a identificação e organizar as operações feitas.

> **IMPORTANTE**
>
> Não existe plano de contas padrão, mas simples técnicas para a sua criação. Portanto, cada empresa deverá ajustar-se dentro de sua condição e sua necessidade seguindo as normas técnicas de apresentação.

5.2 Lançamentos contábeis e legislação

Vários órgãos e instâncias do governo promovem controle efetivo sobre as operações de cada empresa, para fins tributários. Os tributos são originados da venda de produtos ou da prestação de serviços, ou, ainda, da renda obtida – lucro operacional. Daí vem o interesse dos governos (federal, estadual e municipal) em exercer controle, fiscalizar e legislar sobre as operações das empresas.

Muitas leis, normas e instruções normativas são emitidas para nortear as empresas sobre como proceder nos aspectos societários, tributários, sociais e legais. A seguir, verificaremos os aspectos mais importantes sobre a legislação empresarial em relação aos lançamentos contábeis.

5.2.1 Despesas operacionais

Como a despesa operacional reduz os impostos, o governo tem muito interesse em controlar e disciplinar os gastos operacionais, evitando queda na arrecadação.

> Quais são as despesas operacionais de uma empresa?

Conforme determina a legislação vigente, as despesas operacionais são aquelas não computadas nos custos, mas necessárias à atividade da empresa e à manutenção da respectiva fonte produtora.

A Receita Federal considera que as despesas pagas ou incorridas não poderão fazer parte dos custos: elas devem ser registradas separadamente para fins de comprovação e dedução no Demonstrativo de resultados da empresa.

Nos termos do art. 299 do Regulamento do Imposto de Renda (RIR), de 26 de março de 1999, *despesas operacionais*:

> devem ser os gastos não computados nos custos, mas necessários às transações ou operações da empresa, e que, além disso, sejam usuais e normais à atividade por esta desenvolvida, ou à manutenção de sua fonte produtiva, e ainda estejam intrinsecamente relacionados com a produção ou comercialização dos bens e serviços, conforme determina o art. 13 da Lei nº 9.249/95.

5.2.1.1 Comprovação das despesas – Documentos aceitos

Os documentos que podem ser registrados como despesa são específicos e definidos na lei. Eles devem ser idôneos e apresentar todas as características de emissão, além de não poder apresentar rasuras ou emendas. Devem ainda ficar demonstrados:

- a natureza da despesa;
- a identidade do beneficiário;
- a quantidade;
- o valor da operação efetuada.

> **IMPORTANTE**
>
> Se os documentos, conforme a Lei n. 9.430, de 27 de dezembro de 1996, em seu art. 82, forem emitidos por pessoa jurídica cuja inscrição no CNPJ tenha sido considerada ou declarada inapta, não produzirão quaisquer efeitos tributários em favor de terceiro, por se caracterizarem como uma hipótese de inidoneidade, salvo se o comprador de bens, direitos e mercadorias ou o tomador de serviços comprovar a efetivação do pagamento do preço respectivo e o recebimento dos bens, dos direitos e das mercadorias ou utilização dos serviços (Brasil, 1996b).

5.2.1.2   Tratativa da legislação sobre despesas operacionais indedutíveis

Nem todas as despesas feitas pela empresa são dedutíveis. Segundo a Receita Federal, a Lei n. 9.249, de 26 de dezembro de 1995, art. 13 (Brasil, 1995) a Instrução Normativa SRF n. 11, de 21 de fevereiro de 1996, válida a partir de 1º de janeiro de 1996, algumas despesas não podem mais ser consideradas como operacionais para fins de apuração do **lucro real**. São elas:

a) de qualquer provisão, exceto as de férias de empregados e 13º salário; reservas técnicas das companhias de seguro e de capitalização, bem como das entidades de previdência privada cuja constituição é exigida pela legislação especial a elas aplicável;

b) arrendamento mercantil; aluguel de bens móveis ou imóveis, exceto quando relacionados intrinsecamente com a produção ou comercialização de bens e serviços;

c) de despesas de depreciação, amortização, manutenção, reparo, conservação, impostos, taxas, seguros e quaisquer outros gastos com bens móveis e imóveis, exceto se relacionados intrinsecamente com a produção ou comercialização (sobre o conceito de bem intrinsecamente relacionado com a produção ou comercialização – IN SRF n. 11/1996, art. 25);

d) das despesas com alimentação de sócios, acionistas e administradores;

e) das contribuições não compulsórias, exceto as destinadas a custear seguros e planos de saúde e benefícios complementares assemelhados aos da Previdência Social, instituídos em favor de empregados e dirigentes da pessoa jurídica;

f) de doações, exceto se efetuadas em favor: do Pronac; de instituições de ensino e pesquisa sem finalidade lucrativa (limitada a 1,5% do lucro operacional); de entidades civis sem fins lucrativos legalmente constituídas no Brasil e que prestem serviços em benefício de empregados da pessoa jurídica (limitada a 2% do lucro operacional);

g) das despesas com brindes.

5.2.1.3 Legislação e lançamentos contábeis das provisões

A partir da Lei n. 9.430/1996, arts. 9 e 14, foi proibida a dedução do valor da provisão constituída para créditos de liquidação duvidosa, passando a serem dedutíveis somente as perdas efetivas e devidamente comprovadas.

A Contribuição Social sobre o Lucro também não é mais considerada despesa dedutível para fins da apuração do lucro real, devendo o respectivo valor ser adicionado ao lucro líquido

(Lei n. 9.316, de 22 de novembro de 1996, art. 1º – Brasil, 1996a). Portanto:

- somente serão admitidas como dedutíveis as despesas com alimentação quando forem fornecidas pela pessoa jurídica, indistintamente, a todos os seus empregados;
- as despesas computadas no lucro líquido e consideradas indedutíveis pela lei fiscal deverão ser adicionadas para fins de apuração do lucro real do respectivo período-base.

5.3 Caracterização de algumas despesas

Para nos situarmos na prática contábil de uma empresa, é importante que saibamos identificar e localizar despesas comuns.

5.3.1 Despesas administrativas

As despesas administrativas são aquelas necessárias para dar sustentação à empresa em suas operações de transformação ou revenda de produtos.

As mais comuns em uma empresa média são, entre outras, relativas a gastos com:

- energia elétrica;
- salários e encargos sociais;
- viagens;
- combustível;
- alimentação;
- telefone;
- água;
- seguros;
- aluguel;

- vigilância;
- manutenção;
- assistência médica;
- cantina e lanches;
- materiais de escritório;
- postais;
- consultoria e auditoria;
- donativos e contribuições;
- depreciação (bens em uso pela administração).

5.3.2 Despesas com vendas

São aquelas despesas relacionadas ao Departamento de Vendas e com as atividades de vendas. Incluem:

- salários e comissões de vendas;
- despesas com viagens e estadas;
- promoções e eventos;
- publicidade e propaganda;
- distribuição de brindes.

5.3.3 Despesas financeiras

Envolvem todo desembolso relativo ao pagamento e ao recebimento de juros, descontos obtidos e concedidos. Entre outras taxas de caráter financeiro, podemos relacionar:

- descontos obtidos no pagamento de títulos;
- descontos concedidos no pagamento de títulos;
- CPMF – imposto provisório sobre movimentação financeira;
- taxas para manutenção de conta-corrente;
- taxas de extratos e documentos bancários;
- taxas e juros sobre título pago em cartório.

> **TEXTO E CONTEXTO**
>
> Um excelente *site* para sanar dúvidas sobre a legislação contábil é o da Receita Federal (2011). Disponível em: <http://www.receita.fazenda.gov.br/publico/perguntao/dipj2012/CapituloVIII-LucroOperacional2012.pdf>. Acesso em: 18 abr. 2014.

5.4 Situação contábil dos créditos de uma empresa

A forma de tratar os créditos de uma empresa também está prevista em lei. Entre as situações, estão:

I. **Perdas de créditos** – Poderão ser deduzidos como perdas decorrentes de suas atividades, segundo o RIR/1999, art. 340, parágrafo 1º, da Secretaria da Receita Federal, os seguintes valores:

a) insolvência do devedor declarada pelo Poder Judiciário;

b) créditos concedidos sem garantia de valor;

c) valores até R$ 5.000,00, por operação, vencidos há mais de seis meses, independentemente de iniciados os procedimentos judiciais para o seu recebimento;

d) acima de R$ 5.000,00 até R$ 30.000,00, por operação, vencidos há mais de um ano, independentemente de iniciados os procedimentos judiciais para o seu recebimento, porém mantida a cobrança administrativa;

e) acima de R$ 30.000,00, vencidos há mais de um ano, desde que esteja em processo judicial;

f) vencidos há mais de dois anos (com garantia), desde que iniciados e mantidos os procedimentos judiciais para o seu recebimento ou o arresto das garantias (Instrução Normativa SRF n. 93, de 24 de dezembro de 1997 – Brasil, 1997).

> **IMPORTANTE**
>
> O que se configura como operação de vendas nas empresas?
> São consideradas operações de venda quando empresas transferem seus bens de produção ou serviços prestados a terceiros de forma definitiva.

II. **Créditos garantidos** – Entende-se por *créditos garantidos* aqueles provenientes de vendas com reserva de domínio, alienação fiduciária em garantia ou operações com outras garantias reais (RIR/1999, art. 340, § 3º).

III. **Créditos de empresas em processo falimentar** – A Receita Federal determina que os créditos de empresa que esteja em processo falimentar só poderão ser baixados como perdas a partir do momento da decretação da falência.

Os créditos que a massa falida se comprometer a pagar não poderão ser baixados até que o compromisso seja de fato cumprido pelo devedor (RIR/1999, art. 340, §§ 4º e 5º).

IV. **Exceções à regra (vedação)** – É importante frisar que, para efeito de baixa de crédito por inadimplência, o regulamento de Imposto de Renda (IR) não admite a dedução a título de perda no recebimento de operações comerciais entre pessoa jurídica que seja controladora, controlada, coligada ou interligada.

> **IMPORTANTE**
>
> **Contabilização das perdas**
> De acordo com o art. 341 do RIR/1999, o registro contábil das perdas será efetuado a débito da Despesa Operacional com Vendas e a Crédito de Contas a Receber (Duplicatas a Receber).

5.5 Modelo de plano de contas

Agregando as informações vistas, iremos apresentar um modelo de plano de contas para uma empresa industrial de pequeno ou médio porte.

Quadro 5.1 – Modelo de Plano de Contas

Plano de contas
1. ATIVO
1.1 Ativo Circulante
1.1.1 Disponível
1.1.1.01 Caixa
1.1.1.02 Bancos
1.1.1.02.001 – Banco Delta S.A.
1.1.1.02.002 – Banco Global S.A.
1.1.2 Direitos a receber
1.1.2.01 Duplicatas a Receber
1.1.2.02 (–) Duplicatas Descontadas
1.1.2.03 (–) Provisão para Devedores Duvidosos
1.1.2.04 Títulos a Receber
1.1.2.05 Cheques a Receber
1.1.2.06 Adiantamentos a Receber
1.1.2.07 Outros Créditos a Receber
1.1.3 Estoques
1.1.3.01 Produtos Acabados
1.1.3.02 Produtos em Processo
1.1.3.03 Matéria-Prima
1.1.3.04 Almoxarifado
1.1.3.05 De Terceiros
1.1.4 Despesas Antecipadas
1.1.4.01 Seguros a Vencer
1.1.4.02 Impostos Antecipados
1.1.4.02.01 Irrf
1.1.4.02.02 Irpj Mensal
1.1.4.02.03 Csl Mensal

(continua)

(Quadro 5.1 - continuação)

1.2 Realizável a Longo Prazo

1.2.1 Depósitos Judiciais

1.2.2 Empréstimos Compulsórios

1.2.3 Outros Créditos

1.3 Ativo Permanente

1.3.1 Investimentos

1.3.1.01 Participações Societárias

1.3.1.02 Incentivos Fiscais

1.3.2 Imobilizado

1.3.2.01 Edificações

1.3.2.02 (–) Depreciação Acumulada

1.3.2.03 Terrenos

1.3.2.04 Instalações

1.3.2.05 (–) Depreciação Acumulada

1.3.2.06 Máquinas e Equipamentos

1.3.2.07 (–) Depreciação Acumulada

1.3.2.08 Veículos

1.3.2.09 (–) Depreciação Acumulada

1.3.2.10 Móveis e Utensílios

1.3.2.11 (–) Depreciação Acumulada

1.3 2.12 Marcas e Patentes

1.3.2.13 (–) Amortização Acumulada

1.3.2.13 Florestamento e Reflorestamento

1.3.2.14 (–) Exaustão Acumulada

1.3.2.15 Imobilizações em Andamento

1.3.3 Intangível

1.3.4 Diferido

1.3.4.01 Despesas com Organização Administrativa

1.3.4.02 Encargos Financeiros Líquidos

1.3.4.03 Gastos com Estudos e Detalhamento de Projetos

1.3.4.04 Juros Pagos a Acionistas

1.3.4.05 Taxas Diversas para Implantação

1.3.4.06 Salários

1.3.4.07 Gastos com Reorganização e Implantação de Novos Métodos

1.3.4.08 (–) Amortização

(Quadro 5.1 - continuação)

2. PASSIVO

2.1 Passivo Circulante

2.1.1 Contas a Pagar

2.1.1.01 Fornecedores

2.1.1.02 Prestadores de Serviços

2.1.1.03 Outras Contas a Pagar

2.1.2 Diretores e Acionistas

2.1.2.01 – Juros e Dividendos

2.1.3 Empréstimos a Pagar

2.1.3.01 Banco das Missões S.A.

2.1.4 Comissões a Pagar

2.1.4.01 Representante/Vendedor

2.1.5 Obrigações Sociais

2.1.5.01 Folha de Pagamento

2.1.5.02 INSS a Recolher

2.1.5.03 FGTS a Recolher

2.1.6 Obrigações Fiscais

2.1.6.01 ICMS a Recolher

2.1.6.02 Cofins a Recolher

2.1.6.03 PIS a Recolher

2.1.6.04 IRRF a Recolher

2.1.6.05 IPI a Recolher

2.1.6.06 ISS a Recolher

2.1.7 Provisões

2.1.7.01 IRPJ

2.1.7.02 CSL

2.1.7.03 Férias

2.1.7.04 13º Salário

2.2 Exigível a Longo Prazo

2.2.1 Parcelamento de Tributos

2.2.1.01 INSS

2.2.1.02 Cofins

2.2.02 Financiamentos Bancários

2.2.02.01 Bancos Nacionais

2.2.02.02 Bancos Estrangeiros

2.2.02.03 (–) Encargos Financeiros a Transcorrer

(Quadro 5.1 - continuação)

2.3 Resultados de Exercícios Seguintes

2.3.1 Receitas de Exercícios Seguintes

2.3.2 (-) Custos e Despesas Correspondentes

2.4 Patrimônio Líquido

2.4.1 Capital Social

    2.4.1.01 Capital Integralizado

    2.4.1 02 (-) Capital a Integralizar

2.4.2 Reservas

    2.4.2.01 Reserva de Capital

    2.4.2.02 De Lucros

2.4.3 Ações em Tesouraria

2.4.4 Resultado do Exercício

    2.4.4.01 Lucro ou Prejuízos do Exercício

3. RESULTADO

3.1 Receitas Brutas de Produtos e Serviços

3.1.1 Receita de Vendas e Serviços

    3.1.1.01 Vendas

    3.1.1.02 (-) Devoluções

    3.1.1.03 Serviços

    3.1.1.04 (-) Tributos sobre Vendas e Serviços

        3.1.1.04.01 ICMS

        3.1.1.04.02 Cofins

        3.1.1.04.03 PIS

        3.1.1.04.04 ISS

3.1.2 Receitas Financeiras

    3.1.2.01 Juros Obtidos

    3.1.2.02 Descontos Obtidos

    3.1.2.03 Reversão da PDD

3.2 Custo dos Produtos Vendidos

3.2.1 Materiais

    3.2.1.01 Matéria-Prima

    3.2.1.02 Materiais Diretos

    3.2.1.03 Mão de Obra Direta

    3.2.1.04 Custos Indiretos e Gerais de Fabricação

3.2.2 Mão de Obra

    3.2.2.01 Salários

    3.2.2.02 Férias

    3.2.2.03 13º Salário

(Quadro 5.1 - continuação)

3.2.2.04 Encargos do INSS

3.2.2.05 Encargos do FGTS

3.2.2.06 Vale-Transporte

3.2.2.07 Refeitório

3.2.2.08 [...]

3.2.3 Custos Gerais de Fabricação

3.2.3.01 Energia Elétrica

3.2.3.02 Seguros

3.2.3.03 Depreciação Apropriada ao Custo

3.2.3.04 Manutenção e Limpeza

3.2.3.05 Consumo de Água

3.2.3.06 Impostos e Taxas

3.2.3.07 Telefone

3.2.3.08 [...]

3.3 Despesas Operacionais

3.3.1 De Vendas

3.3.1.01 Salários e Comissões

3.3.1.02 Encargos Sociais

3.3.1.03 Expedição

3.3.1.04 Manutenção de Veículos

3.3.1.05 Viagens e Estadias

3.3.1.06 Depreciação

3.3.1.07 Energia Elétrica

3.3.1.08 Telefone/Comunicação

3.3.1.09 Seguros

3.3.1.10 Impostos e Taxas

3.3.1.10 Água

3.3.1.11 Vigilância

3.3.1.12 Transporte

3.3.1.13 Alimentação

3.3.1.14 Propaganda e Publicidade

3.3.1.15 Material de Escritório

3.3.1.16 Aluguel

3.3.1.17 Despesas com Veículo

3.3.2 Administrativas

3.3.2.01 Salário

3.3.2.02 Férias

(Quadro 5.1 - continuação)

3.3.2.03 13º Salário

3.3.2.04 Indenizações

3.3.2.05 Encargos do INSS

3.3.2.06 Encargos do FGTS

3.3.2.07 Material de Expediente

3.3.2.08 Manutenção de CPD

3.3.2.09 Expedição

3.3.2.10 Manutenção de Veículos

3.3.2.11 Viagens e Estadias

3.3.2.12 Despesas Representação

3.3.2.13 Energia Elétrica

3.3.2.14 Telefone/Comunicação

3.3.2.15 Seguros

3.3.2.16 Impostos e Taxas

3.3.2.17 Água

3.3.2.18 Vigilância

3.3.2.19 Transporte

3.3.2.20 Alimentação

3.3.2.21 Propaganda e Publicidade

3.3.2.22 Material de Escritório

3.3.2.23 Aluguel

3.3.2.24 Despesas com Veículo

3.3.2.25 [...]

3.3.3 Despesas Tributárias

3.3.3.01 Impostos e Taxas

3.3.3.02 Multas Fiscais

3.3.3.03 Juros Fiscais

3.3.3.04 Correção Monetária de Débitos Fiscais

3.3.4 Despesas Financeiras

3.3.4.01 Despesas Bancárias

3.3.4.02 Juros Pagos

3.3.4.03 Descontos Concedidos

3.3.5 Pró-Labore da Diretoria

3.3.5.01 Diretoria Administrativa

3.3.5.02 Diretoria Comercial

3.3.5.03 Diretoria Financeira

3.3.5.04 Diretoria Industrial

(Quadro 5.1 - conclusão)

3.3.6 Depreciação
3.3.6.01 Máquinas Equipamentos
3.3.6.02 Móveis e Utensílios
3.3.6.03 Veículos da Administração
3.3.6.04 Edificações
3.3.6.05 (–) Depreciação Apropriada ao Custo
3.3.6.06 Outras
3.3.7 Amortizações
3.3.7.01 Diferido
3.3.7.02 Marcas e Patentes
3.3.7.03 Outras
3.3.8 Exaustão
3.3.8.01 Florestamento
3.3.8.02 Reflorestamento
3.3.8.03 Jazidas
3.3.8.04 Outras
3.4 Receitas Não Operacionais
3.4.1 Dividendos
3.4.2 Resultado de Equivalência Patrimonial
3.4.3 Resultado na Venda de Ativo Fixo
3.5 Despesas Não Operacionais
3.6 Correção Monetária do Balanço
3.7 Resultado do Exercício
3.7.1 Resultado do Período-Base
4. CONTAS TRANSITÓRIAS
4.1 Diversas

Síntese

Com base na leitura e na interpretação deste capítulo, você pôde entender um pouco mais o funcionamento das contas contábeis.

É importante ressaltar que cada operação executada pela empresa, movimentando recursos sob a forma monetária ou física, é alocada numa das contas indicadas para posteriormente a empresa apurar seu resultado. A ciência contábil é rica em detalhes – desde, é claro, que seu gestor a pratique de forma correta e técnica, como determinam as boas normas técnicas aplicáveis: procedimentos operacional-fiscais, tributários e societários.

Por isso, devem-se aplicar sempre as normas a fim de se obter informações adequadas para a tomada de decisão. Isso leva, com certeza, ao sucesso do empreendimento.

Questões para revisão

1. Considerando os dados a seguir apresentados, contabilize os valores e apure o resultado da empresa demonstrando o Balanço Patrimonial.

   A empresa Delta Ltda. realizou as seguintes operações em 2001:

ITEM	VALOR
a. Capital social integralizado em dinheiro	R$ 100.000,00
b. Compra de um veículo a prazo	R$ 20.000,00
c. Compra de uma máquina à vista	R$ 10.000,00
d. Compra de um terreno (50% à vista)	R$ 30.000,00
e. Receita com venda a prazo	R$ 80.000,00
f. Pagamento de despesas administrativas	R$ 25.000,00
g. Pagamento de MOD, MOI e CIFs	R$ 30.000,00
h. Pagamento de despesas com vendas	R$ 15.000,00

2. Analise os dados da empresa Nova Era Ltda. Identifique e quantifique quais valores farão parte do Balanço Patrimonial e quais valores farão parte do Demonstrativo de resultado da empresa.

   A empresa Nova Era Ltda. registrou em sua contabilidade as seguintes operações contábeis:

Item	Valor
a. Compra de veículo	R$ 15.000,00
b. Compra de matéria-prima	R$ 40.000,00

c.	Aquisição de terreno	R$ 35.000,00
d.	Pagamento de despesas com energia elétrica	R$ 1.800,00
e.	Pagamento de combustível – administração	R$ 800,00
f.	Pagamento de promoções e eventos/vendas	R$ 5.000,00
g.	Pagamento de juros à vista	R$ 1.300,00
h.	Receita com venda de produtos (40% à vista)	R$ 220.000,00
i.	Pagamento de custo de produção	R$ 45.000,00
j.	Capital social em dinheiro	R$ 100.000,00

3. Calcule o resultado (DRE): ICMS – PIS – Cofins – IRPJ – CSLL – Lucro ou prejuízo nessas operações e complete o Balanço Patrimonial, considerando que a empresa Delfus Ltda. encerrou a movimentação contábil em um determinado período, tendo os saldos finais assim dispostos:

   a) Caixa: R$ 2,500,00
   b) Bancos: R$ 56.000,00
   c) Estoque de matéria-prima: R$ 22.000,00
   d) Estoque de produtos em transformação: R$ 11.000,00
   e) Estoque de produtos acabados: R$ 33.000,00
   f) Realizável a longo prazo: R$ 11.460,00
   g) Imobilizado: R$ 88.000,00
   h) Diferido: R$ 12.000,00
   i) Duplicatas a pagar: R$ 45.000,00
   j) MOD a pagar: R$ 29.000,00
   k) MOI a pagar: R$ 23.000,00
   l) Cifs a pagar: R$ 17.000,00
   m) Exigível a longo prazo: R$ 35.000,00
   n) Capital social: R$ 156.960,00
   o) Do total da receita (vendas) de R$ 200.000,000 da empresa, R$ 150.000,00 foi a prazo
   p) O CPV correspondeu a R$ 80.000,00, enquanto as despesas operacionais ficaram em R$ 30.000,00

   Importante: O saldo contábil do ICMS a recuperar é de R$ 10.000,00.

Ativo	Passivo
Ativo Circulante	**Passivo Circulante**
Disponível	Duplicatas a Pagar
Caixa	ICMS a Recolher
Banco	PIS a Recolher
Aplicações Financeiras	Cofins a Recolher
	MOD a Pagar
Direitos	MOI a Pagar
Duplicatas a Receber	CIFS a Pagar
Outros Créditos	IRPJ a Recolher
	CSLL a Recolher
Estoques	
Produto Acabado	
Produto em Processo	
Matéria-Prima	
Realizável a Longo Prazo	**Exigível a Longo Prazo**
Ativo Permanente	**Patrimônio Líquido**
Investimentos	**Capital Social**
Imobilizado	**Lucro**
Diferido	**Prejuízo**
Total do Ativo	**Total do Passivo**

Demonstrativo de Resultado do Exercício (Dre)

Receita Bruta de Vendas		R$
(–) Impostos	ICMS 18%	R$
	PIS 0,65%	R$
	Cofins 3,0 %	R$
Receita Líquida		R$
(–) Custo do Produto Vendido (CPV)		R$
Lucro Bruto		R$
(–) Despesas Operacionais		R$
Lucro Operacional		R$
(+/–) Resultado Não Operacional		R$
LAIR – Lucro antes do IRPJ		R$
(–) Imposto de Renda Pessoa Jurídica: 15%		R$
(–) Contr. Social sobre o Lucro Líquido: 9%		R$
= Lucro ou Prejuízo do Exercício		R$

(continua)

4. Podemos afirmar que constituem regime de competência de receitas e despesas nas empresas:
   a) os registros contábeis que ocorrem independentemente do recebimento e do pagamento de valores.
   b) as receitas relativas a uma operação de venda.
   c) a situação em que as receitas e as despesas dependem de recebimento e/ou pagamento de valores.
   d) as receitas e as despesas a serem pagas via caixa ou banco.
   e) Nenhuma das alternativas anteriores está correta.

5. Um lançamento a débito de uma conta de Ativo imobilizado e a crédito de uma conta do Ativo disponível indica:
   a) aumento de capital social.
   b) pagamento de duplicatas.
   c) aumento de dívidas com fornecedores.
   d) recebimento de duplicatas.
   e) aquisição de um bem à vista.

Saiba mais

Para saber mais sobre o assunto, é interessante que o leitor conheça a Lei n. 6.404/1976 e suas modificações:

BRASIL. Lei n. 6.404, de 15 de dezembro de 1976. **Diário Oficial da União**, Poder Legislativo, Brasília, DF, 17 dez. 1976. Disponível em: <http://www.planalto.gov.br/ccivil_03/leis/l6404consol.htm>. Acesso em: 20 jan. 2014.

Gerenciamento de custos

6

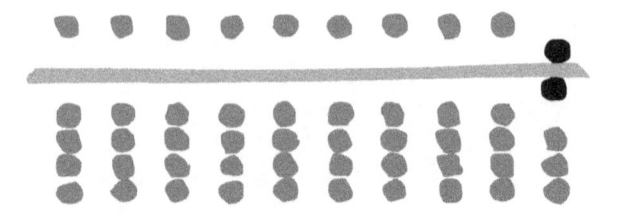

Conteúdos do capítulo

- Metas e estratégias empresariais para o crescimento sustentado.
- Custos de alguns serviços de uso amplo.

Após o estudo deste capítulo, você será capaz de:

1. avaliar as principais diferenças entre os sistemas de custos, sua aplicabilidade e seu gerenciamento;
2. fazer os comparativos necessários na busca do lucro da empresa.

Atualmente, mais do que nunca, empresas buscam alternativas para competir com o mercado internacional. Portanto, quando falamos em *competição*, estamos nos referindo a um produto de qualidade com baixo custo. Nesse modelo, devemos pensar sempre em como trabalhar com o menor esforço de custos possível.

Neste capítulo, veremos a importância da distinção entre os custos de transformação (produção de um bem tangível) e os custos de serviços prestados (produção de um bem intangível). Esse processo tem por objetivo avaliar e apropriar da melhor forma, dentro do mercado de serviços, os custos inerentes a essa atividade.

> Quando falamos em *custo*, estamos nos referindo ao custo da mercadoria ou do serviço.

Nos setores comercial e industrial, encontramos o lucro bruto por meio da dedução do Custo da Mercadoria Vendida (CMV) menos a receita de vendas líquida.

Na indústria, esse processo é mais abrangente – a apuração se torna mais detalhada e necessita de maiores controles, de pessoal mais especializado e de sistemas mais modernos.

Já no setor comercial e de serviços, pelo fato de não haver a transformação de produtos, geralmente não é necessária uma separação entre custo e despesas. O processo é mais simples e objetivo e os custos de pessoal e de capital tendem a ser compartilhados por todos os serviços em execução. Nesse caso, a maioria dos custos é do tipo indireto e seu rateio aos serviços vendidos passa a ser, sob o ponto de vista da contabilidade geral, um esforço desnecessário. Assim, essas empresas costumam apresentar seus resultados simplesmente deduzindo da receita todas as despesas operacionais (de materiais, de capital etc.) para alcançar o lucro operacional; ou interpretar como custo dos serviços vendidos somente os referentes à mão de obra, ou então os de mão de obra acrescidos dos custos diretos dos materiais eventualmente usados, considerando todos os custos indiretos como operacionais do período.

Uma forma para melhorar o gerenciamento da atividade comercial ou de serviços, assim como para a adequada fixação dos preços dos serviços, terá de ser trabalhada a partir dos cálculos do custo dos serviços vendidos, ainda que de modo aproximativo.

EXEMPLIFICANDO

Vamos verificar o que faz uma empresa de telefonia, por exemplo, para determinar o custo de uma ligação telefônica?

Devemos lembrar que o custo do serviço é um custo fixo (capital e depreciação dos equipamentos e das redes).

Esse tipo de custo foge, e muito, dos custos tradicionais; no entanto, podemos mensurá-lo pelo sistema por absorção, no qual somamos o total dos custos e dividimos pela quantidade de usuários e ligações feitas.

Para alcançar a redução de custos no setor de telefonia, a Agência Nacional de Telecomunicações (Anatel) vem trabalhando metas de qualidade com a aplicação de:

- Indicadores de Complemento de Chamadas Locais e Longa Distância;
- Indicadores de Mudança de Endereço;
- Indicadores de Atendimento ao Cliente;
- Indicadores de Reparo de Telefone Convencional;
- Indicadores de Reparo de Telefone de Uso Público;
- Indicadores de Erro em Conta;
- Indicador de Sinal de Discar;
- Indicador de Modernização da Rede.

De modo geral, não importa em qual segmento as empresas atuam, o principal é que elas tenham controle dos seus custos e se dediquem a eles.

6.1 Metas e estratégia empresarial para o crescimento sustentado

Com base nos custos, as empresas determinam a sobrevivência no mercado em que estão atuando. Não há como gerenciar e ter um crescimento sustentado sem a visão do gestor em curto, médio e longo prazos.

O crescimento sustentado está voltado ao controle dos custos e à criação de metas por parte de todos os funcionários, desde o chão de fábrica até a alta administração. Todas as empresas precisam desenvolver e estipular objetivos ou metas a serem alcançados pelos seus colaboradores. Não é possível vislumbrar uma empresa sem um rumo, sem um norte.

Existe o hábito de adaptação ao meio ou ao momento, no entanto, isso torna a empresa bastante vulnerável em relação à administração dos custos e seu gerenciamento. É nesse momento de acomodação que a empresa perde em poder de produção, deixando de realizar o perfeito gerenciamento nos seus custos pela simples acomodação em todos os seus setores.

Para manter a empresa no seu conjunto e seus funcionários altamente estimulados, há duas saídas: criar uma crise todo mês ou criar metas a serem atingidas.

Um bom planejamento, suportado por metas atingíveis, é um instrumento norteador para a empresa, com estratégias de mercado e gerenciamento dos objetivos traçados. É possível planejar:

- o custo;
- o lucro;
- a estratégia.

A partir daí, é só acompanhar as etapas e reavaliar o processo, corrigindo eventuais falhas. A figura a seguir indica a estrutura do planejamento com metas predefinidas.

Figura 6.1 – Planejamento com metas predefinidas

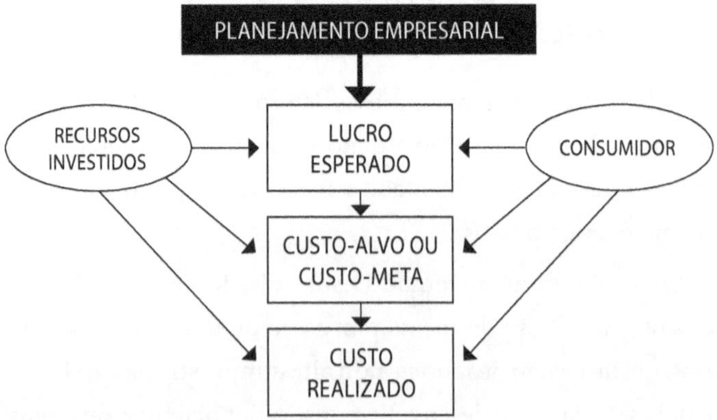

6.1.1 Como implantar metas?

Deve-se ter em mente (principalmente os empresários) que a empresa é um conjunto de pessoas; assim, para implantar metas, devem ser criados programas que envolvam todos os funcionários em todos os níveis.

São etapas interessantes para implantar as metas:

1. Planejar o processo e os produtos visando sempre ao público consumidor.
2. Criar metas adequadas à estratégia da empresa, de modo a atingir o planejado.
3. Desenvolver políticas de realização constante no processo, fazendo com que os funcionários pensem sobre o que fazer e o que melhorar.
4. Estimular, por meio de programas institucionais, o valor das ideias – para, assim, melhorar sempre.

> Quais são as metas a serem alcançadas?

É possível que o empresário ou a alta administração estipulem o lucro a ser obtido no próximo período – por exemplo, 15%.

Assim, se o faturamento ou a receita média da empresa for de R$ 1.200.000,00 e o lucro esperado for de 15% (R$ 180.000,000), o custo final não poderá ser superior a R$ 1.020.000,00. Portanto, esse valor será a meta de custo a ser alcançada pela empresa.

RECEITA REALIZADA		LUCRO ESTIMADO		CUSTO ALOCADO
R$ 1.200.000,00	(–)	R$ 180.000,00	=	R$ 1.100.000,00

É fundamental sempre fazer a reavaliação da meta.

RECEITA REALIZADA	→	LUCRO ESTIMADO	→	META A SER ALCANÇADA
R$ 1.200.000,00	(–)	R$ 180.000,00	=	R$ 1.020.000,00

Logo, a meta para redução de custos deverá atingir o valor de R$ 1.020.000,00 para que seja possível obter o lucro desejado.

O custo-meta é um instrumento de gerenciamento estratégico de custos. Embora tenha surgido inicialmente em indústrias montadoras, hoje é utilizado em diversos outros segmentos. Não importa o tipo de empresa para a implantação do custo-meta, o que de fato indicará o sucesso do programa será o envolvimento de cada funcionário na redução de custos. Esse método gera pressões ao ambiente de trabalho e aos funcionários; cabe, nesse sentido, a cada empresa motivar os colaboradores na busca pelos resultados.

Um trabalho simples (mas forte) no gerenciamento é o controle geral das despesas e dos custos utilizando um cálculo simples, ainda que eficaz, que é o da análise vertical e horizontal.

Quadro 6.1 – Controle do comportamento das despesas e dos custos

COMPORTAMENTO, ESTRUTURA E EVOLUÇÃO					
ITEM	REALIZADO		REALIZADO		
ÁREA ADMINISTRATIVA	Mês 001	V%	Mês 002	V%	H%
PUBLICIDADE	R$ 12.000,00		R$ 12.500,00		
COMISSÕES SEM VENDAS	R$ 15.000,00		R$ 14.000,00		
ENERGIA ELÉTRICA	R$ 2.500,00		R$ 2.600,00		
ÁGUA	R$ 800,00		R$ 980,00		
TELEFONE	R$ 3.200,00		R$ 3.500,00		
DESP. VIAGEM	R$ 5.000,00		R$ 7.500,00		
HONORÁRIOS	R$ 10.000,00		R$ 11.000,00		
ALUGUEL	R$ 5.000,00		R$ 5.000,00		

(continua)

(Quadro 6.1 – conclusão)

ITEM	REALIZADO		REALIZADO		
MANUTENÇÃO	R$ 2.540,00		R$ 3.300,00		
COPA COZINHA	R$ 4.845,00		R$ 5.901,00		
COMBUSTÍVEL	R$ 2.990,00		R$ 3.112,00		
SEGURANÇA	R$ 4.600,00		R$ 4.650,00		
IMPOSTOS (IPTU)	R$ 1.450,00		R$ 1.450,00		
TREINAMENTO	R$ 3.500,00		R$ 2.500,00		
ALIMENTAÇÃO	R$ 4.600,00		R$ 4.800,00		
MANUTENÇÃO DE VEICULOS	R$ 6.000,00		R$ 3.000,00		
TERCEIRIZAÇÃO	R$ 1.251,00		R$ 1.150,00		
HONORÁRIOS ADV	R$ 4.000,00		R$ 4.000,00		
TOTAL DAS DESPESAS	**R$ 89.276,00**		**R$ 90.943,00**		
ÁREA DE PRODUÇÃO	**SETEMBRO**	**V%**	**OUTUBRO**	**V%**	**H%**
MATÉRIA-PRIMA	R$ 42.000,00		R$ 45.000,00		
MATERIAIS DIRETOS	R$ 18.000,00		R$ 19.500,00		
MANUTENÇÃO	R$ 23.000,00		R$ 32.000,00		
COMBUSTÍVEL DE VEÍCULOS	R$ 22.000,00		R$ 26.000,00		
OUTROS REPAROS	R$ 2.450,00		R$ 2.300,00		
PINTURA DA FÁBRICA	R$ 5.000,00		R$ 6.870,00		
MATERIAL DE LIMPEZA	R$ 1.200,00		R$ 1.400,00		
ALIMENTAÇÃO	R$ 6.300,00		R$ 6.100,00		
TELEFONE	R$ 1.500,00		R$ 1.650,00		
ÁGUA CONSUMIDA	R$ 1.300,00		R$ 1.200,00		
TREINAMENTO	R$ 3.500,00		R$ 3.500,00		
VIGILÂNCIA	R$ 980,00		R$ 950,00		
EQUIPE DE SEGURANÇA	R$ 36.000,00		R$ 30.600,00		
CUSTO TOTAL	**R$ 163.230,00**		**R$ 177.070,00**		
CUSTOS GERAIS	R$ 252.506,00		R$ 268.013,00		

Além desses controles do comportamento das despesas e dos custos, para o sucesso das metas é necessário fazer o controle do lucro diário.

> O que é o controle do lucro diário?

Esse controle diferencia a forma de gestão, sendo uma poderosa ferramenta para mudar os rumos das empresas em tempo próprio, sendo assim, não é necessário precisar esperar o fim de um período para descobrir que a empresa está trabalhando no vermelho, com prejuízo.

Essa ferramenta é formada por médias de custos e despesas; percentual (%) de ICMS sobre as vendas, considerando vendas dentro e fora do estado; e impostos com taxas reais sobre as vendas (PIS/Cofins) e os lucros (IRPJ/CSLL).

Quadro 6.2 – Demonstrativo de controle de lucro diário

CONTROLE DE LUCRO DIÁRIO									
Demonstrativo DE RESULTADO		DIA 1	DIA 2	DIA 5	DIA 6	DIA 7	DIA 8	DIA 09
RECEITA BRUTA DIÁRIA	R$	R$ 86.652,89	R$ 97.496,97	R$ 107.926,56	R$ 76.556,13	R$ 31.072,40	R$ 97.496,07	R$ 48.039,51
ICMs MÉDIO (18% + 12% /2)	15%	R$ 12.997,93	R$ 14.624,55	R$ 16.188,98	R$ 11.483,42	R$ 4.660,86	R$ 14.624,41	R$ 7.205,93
PIS/COFINS	3,65%	R$ 3.162,83	R$ 3.558,64	R$ 3.939,32	R$ 2.794,30	R$ 1.134,14	R$ 3.558,61	R$ 1.753,44
DEVOL./CANCEL./DESCONTOS	0	0,00	0,00	R$ 315,00	0,00	0,00	0,00	0,00
RECEITA LÍQUIDA DIÁRIA	100%	R$ 70.492,13	R$ 79.313,79	R$ 87.483,26	R$ 62.278,41	R$ 25.277,40	R$ 79.313,05	R$ 39.080,14
CUSTO MÉDIO (em R$)	29,83%	R$ 25.848,56	R$ 29.083,35	R$ 32.194,49	R$ 22.836,69	R$ 9.268,90	R$ 29.083,08	R$ 14.330,19
COMISSÕES MÉDIAS (%)	5%	R$ 4.332,64	R$ 4.874,85	R$ 5.396,33	R$ 3.827,81	R$ 1.553,62	R$ 4.874,80	R$ 2.401,98
FRETES (em R$)	1,82%	R$ 1.577,08	R$ 1.774,44	R$ 1.964,26	R$ 1.393,32	R$ 565,52	R$ 1.774,43	R$ 874,32
LUCRO BRUTO	R$	R$ 38.733,84	R$ 43.581,15	R$ 47.928,17	R$ 34.220,59	R$ 13.889,36	R$ 43.580,74	R$ 21.473,66
DESPESAS OPERACIONAIS	R$	R$ 18.691,35	R$ 18.691,35	R$ 18.691,35	R$ 18.691,35	R$ 18.691,35	R$ 18.691,35	R$ 18.691,35
ADMINISTRATIVAS MÉDIAS	R$	R$ 10.515,60	R$ 10.515,60	R$ 10.515,60	R$ 10.515,60	R$ 10.515,60	R$ 10.515,60	R$ 10.515,60
COMERCIAIS MÉDIAS	R$	R$ 2.159,18	R$ 2.159,18	R$ 2.159,18	R$ 2.159,18	R$ 2.159,18	R$ 2.159,18	R$ 2.159,18

(continua)

(Quadro 6.2 – conclusão)

Demonstrativo DE RESULTADO		DIA 1	DIA 2	DIA 5	DIA 6	DIA 7	DIA 8	DIA 09
REPASSE DESPESAS MÁX.	R$	R$ 4.925,53	R$ 4.925,53	R$ 4.925,53	R$ 4.925,53	R$ 4.925,53	R$ 4.925,53	R$ 4.925,53
FINANCEIRAS MÉDIAS	R$	R$ 1.091,04	R$ 1.091,04	R$ 1.091,04	R$ 1.091,04	R$ 1.091,04	R$ 1.091,04	R$ 1.091,04
LUCRO OPERACIONAL DIÁRIO	R$	R$ 20.042,49	R$ 24.889,80	R$ 29.236,82	R$ 15.529,24	R$ 4.801,99	R$ 24.889,39	R$ 2.782,31
REC. DESP. NÃO OPERACIONAIS	R$	0,00	0,00	0,00	0,00	0,00	0,00	0,00
LUCRO ANTES DO IR E CSLL	R$	R$ 20.042,49	R$ 24.889,80	R$ 29.236,82	R$ 15.529,24	R$ 4.801,99	R$ 24.889,39	R$ 2.782,31
IR E CSLL	3,08%	R$ 2.668,91	R$ 3.002,91	R$ 3.324,14	R$ 2.357,93	R$ 957,03	R$ 3.002,88	R$ 1.479,62
LUCRO LÍQUIDO DIÁRIO	R$	R$ 17.373,58	R$ 21.886,89	R$ 25.912,68	R$ 13.171,31	R$ −5.759,02	R$ 21.886,51	R$ 1.302,69
LUCRO LÍQUIDO ACUMULADO	R$	R$ 17.373,58	R$ 39.260,47	R$ 65.173,16	R$ 78.344,47	R$ 72.585,45	R$ 94.471,96	R$ 95.774,66

Outro fator importante para as empresas atingirem suas metas é o cálculo correto do preço de venda de seus produtos. Nesse cálculo, deve-se considerar a obtenção da receita e, logicamente, o lucro desejado.

> Como é feito o cálculo do preço de venda?

O modelo apresentado a seguir poderá ser utilizado conforme conveniência da empresa para determinar um preço de venda. É simples e direto, pois suas variáveis são poucas e de fácil elaboração e compreensão.

> Cálculo do preço para revenda
>
> $$PV = \frac{CUSTO + LUCRO}{1 - (DESPESAS\ COM\ VENDAS)}$$

Em que:

- PV = preço de venda;
- Custo = custo da mercadoria ou do serviço;

- Lucro = lucro desejado sobre a mercadoria ou sobre o serviço;
- Despesas com vendas = impostos (ICMS – PIS – Cofins – Comissões, ISS);

Cálculo do preço de venda para produtos industrializados

$$PV = \frac{CUSTO + LUCRO}{1 - (DESPESAS\ COM\ VENDAS)} + TAXA\ DO\ IPI$$

Em que:

- Custo = custo do produto industrializado;
- Lucro = lucro desejado sobre a mercadoria ou sobre o serviço;
- Despesas com vendas = impostos (ICMS – PIS – Cofins – Comissões, ISS);
- Taxa do IPI relativo a cada tipo de produto conforme tabela do IPI – TIPE fornecida pela Secretaria da Receita Federal.

Para o controle contábil, uma estratégia é examinar o comportamento das receitas totais, dos custos totais e do lucro das operações com ocorrência em níveis de produção, custos variáveis e fixos de um produto. É a relação entre custo/volume/lucro.

Para esse procedimento, utilizamos o chamado *ponto de equilíbrio*, que determina quantas unidades a empresa terá de produzir e vender em um determinado período para cobrir os custos e as despesas fixas totais.

6.1.2 Como fazer a aplicação do ponto de equilíbrio?

Elaboramos a análise e a avaliação do custo *versus* volume de produção, o que possibilita aos gestores da empresa fazer considerações e tomar decisões a respeito dos efeitos das mudanças relativas aos custos.

6.1.2.1 Fórmulas

Usaremos valores apenas para exemplificar a fórmula para encontrar o ponto de equilíbrio:

a) Custo e despesa variável unitários: R$ 4,00.
b) Preço de venda unitário: R$ 10,00.
c) Margem de contribuição: R$ 6,00.
d) Custos fixos totais: R$ 150.000.

> Quadro – Ponto de equilíbrio contábil
>
> $$\frac{CF + DF}{PEC} = MC$$

Em que:

- CF = custos fixos;
- DF = despesas fixas;
- MC = margem de contribuição unitária.

Portanto, utilizando os valores do exemplo, o ponto do equilíbrio é:

$$PEC = \frac{R\$\ 150.000}{R\$\ 6,00}$$

Em que:

- PEC = 25.000 unidades.

Nesse exemplo, a empresa precisa vender 25 mil unidades para cobrir os custos e as despesas fixas.

No ponto de equilíbrio, o lucro líquido é igual a zero. Em termos financeiros, no ponto de equilíbrio basta multiplicar a quantidade pelo preço de venda.

Também são utilizados o ponto de equilíbrio financeiro e o ponto de equilíbrio econômico.

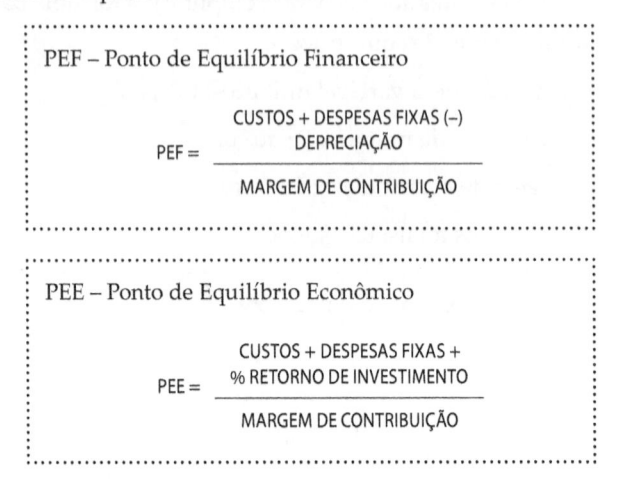

PEF – Ponto de Equilíbrio Financeiro

$$PEF = \frac{\text{CUSTOS + DESPESAS FIXAS (–) DEPRECIAÇÃO}}{\text{MARGEM DE CONTRIBUIÇÃO}}$$

PEE – Ponto de Equilíbrio Econômico

$$PEE = \frac{\text{CUSTOS + DESPESAS FIXAS + \% RETORNO DE INVESTIMENTO}}{\text{MARGEM DE CONTRIBUIÇÃO}}$$

Decisões estratégicas acarretam riscos. Pela análise do custo-volume e do lucro, é possível avaliar em quanto será afetado o lucro operacional se as metas previstas de vendas não forem atingidas. Portanto, todos esses dados são muito úteis, já que permitem montar o gráfico do ponto de equilíbrio.

Gráfico 6.1 – Gráfico do ponto de equilíbrio

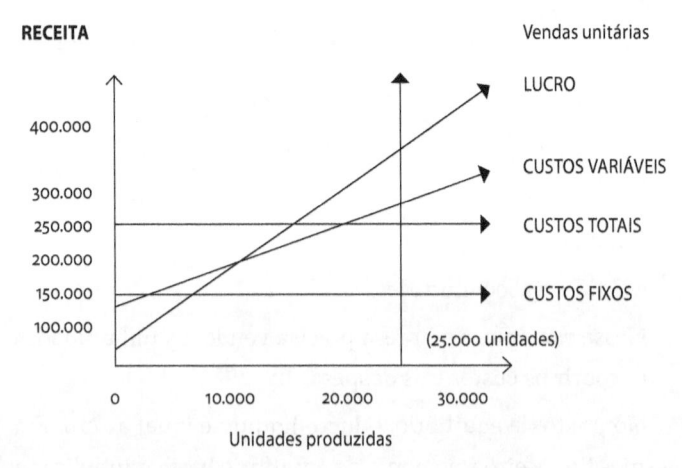

Assim, após analisar os quadros e o gráfico, é necessário estabelecer a margem de segurança (MS), que determina o quanto vai sobrar de produtos fabricados ou da venda normal para realizar o lucro acima do ponto de equilíbrio. Quanto maior for a relação de diferença entre o ponto de equilíbrio e o que a empresa pode produzir ou vender normalmente, melhor.

> MS = CAPACIDADE PRODUTIVA ou VENDAS (–) PONTO DE EQUILÍBRIO

Não há padrão de sobra para realização da receita; porém, quanto maior for essa relação, melhor será para a empresa.

A relação se dá em torno de unidades vendidas, simulando vendas para mais ou para menos; o impacto será sentido no lucro operacional da empresa. Quanto maior for a estrutura de custos fixos na empresa, maior será a influência no grau de alavancagem.

> O que é grau de alavancagem?

O grau de alavancagem ou de sensibilidade (GAO) traduz os **efeitos causados pelos custos fixos em relação às unidades vendidas e ao lucro operacional da empresa e os efeitos das mudanças nas vendas sobre o lucro das empresas (lucro operacional).**

> Fórmula de grau de alavancagem
>
> $$GAO = \frac{\text{VARIAÇÃO PERCENTUAL NO LUCRO OPERACIONAL}}{\text{VARIAÇÃO PERCENTUAL NAS VENDAS}}$$

> Como montar e simular o grau de alavancagem operacional?

Partindo de um Demonstrativo de resultado simplificado, é possível obter a seguinte estrutura:

Receita com vendas:

- (–) Custos + despesas variáveis = **margem de contribuição**.
- (–) Custos + despesas fixas = **lucro operacional**.

> **EXEMPLIFICANDO**
>
> Vamos considerar uma empresa que vende em média 5 mil unidades ao mês de certo produto, com os seguintes valores:
>
> a) Preço de venda: R$ 700,00.
> b) Custos e despesas variáveis: R$ 300,00.
> c) Custos e despesas fixas: R$ 160.000,00.
>
> Caso ocorresse um aumento ou uma queda de 20% nas unidades vendidas no período, como ficaria a situação do lucro operacional?

Quadro 6.3 – Cálculo e apresentação do grau de alavancagem operacional 1

Estrutura	– 20%	normal	+ 20%
Quantidade vendida	400 unidades	500 unidades	600 unidades
Receita	R$ 280.000,00	R$ 350.000,00	R$ 420.000,00
(–) Custo e despesas variáveis	R$ 120.000,00	R$ 150.000,00	R$ 180.000,00
= margem de contribuição	R$ 160.000,00	R$ 200.000,00	R$ 240.000,00
(–) Custo e despesas fixas	R$ 160.000,00	R$ 160.000,00	R$ 160.000,00
= Lucro operacional	000000	R$ 40.000,00	R$ 80.000,00
Variação % da quantidade	(–) 20%		(+) 20%
Variação percentual do lucro	(–) 100%		(+) 100%

A redução ou o aumento em 20% nas quantidades vendidas provocou variação de 100% para mais e para menos no lucro operacional da empresa. Essa variação é causada pelos custos e pelas despesas fixas.

Partindo do mesmo exemplo, porém com custo fixo menor, pode-se observar:

- Preço de venda: R$ 700,00.
- Custos e despesas variáveis: R$ 300,00.
- Custos e despesas fixas: R$ 70.000,00 (menor).

Quadro 6.4 – Cálculo e apresentação do grau de alavancagem operacional 2

Estrutura	– 20%	normal	+ 20%
Quantidade vendida	400 unidades	500 unidades	600 unidades
Receita	R$ 280.000,00	R$ 350.000,00	R$ 420.000,00
(–) Custo e despesas variáveis	R$ 120.000,00	R$ 150.000,00	R$ 180.000,00
= margem de contribuição	R$ 160.000,00	R$ 200.000,00	R$ 240.000,00
(–) Custo e despesas fixas	R$ 70.000,00	R$ 70.000,00	R$ 70.000,00
= Lucro operacional	R$ 90.000,00	R$ 130.000,00	R$ 170.000,00
Variação % da quantidade	(–) 20%		(+) 20%
Variação percentual do lucro	(–) 30,76%		(+) 30,76%

Com custo fixo menor, a redução ou o aumento em 20% nas quantidades vendidas provocou uma variação bem menor em relação ao modelo anterior, de apenas 30,76% no lucro operacional. Isso comprova que, quanto menores forem os custos e as despesas fixas, melhor será para a atividade e a sobrevivência da empresa.

6.2 Custos de alguns serviços de uso amplo

Para tornar prático este estudo, vamos analisar alguns setores de serviços bastante conhecidos, como transportes coletivos, transporte ferroviário, hospitais e escolas.

6.2.1 Como contabilizar os custos dos transportes coletivos?

Os custos do serviço de transporte urbano por ônibus são divididos em custos fixos e variáveis. Os custos variáveis são aqueles que se alteram conforme a quantidade de quilometragem percorrida, sofrendo alteração na sua base de custo conforme os aumentos de combustíveis, lubrificantes, peças/acessórios e rodagem.

Os custos fixos são aqueles que independem da quilometragem percorrida: estão ligados à depreciação, remuneração, pessoal (salários e encargos) e administração.

Além destes, há os tributos (impostos, contribuições e taxas) que incidem sobre a receita operacional das empresas operadoras e que devem ser incluídos na planilha de custos. Os principais tributos incidentes sobre a atividade são Impostos Sobre Serviços (ISS), Contribuição Social sobre o Faturamento (Cofins), **Programa de Integração Social (PIS) e Taxa de Gerenciamento (Secretaria da Receita Federal).**

Como as alíquotas incidem sobre a receita, e não sobre o custo, o valor do custo total, incluindo tributos, é calculado pela seguinte expressão:

$$\text{Custo Total (CT)} = \frac{(CV + CF)}{(1 - T/100)}$$

IMPORTANTE

CT = Custo total com tributos.
CV = Custo variável total.
CF = Custo fixo total.
T = Soma das alíquotas dos tributos.

A metodologia de cálculo tarifário utilizada na maioria das cidades brasileiras, de acordo com informações da Secretaria Nacional de Transporte e da Mobilidade Urbana – SeMob (ANTT, 2010), segue a orientação da *Planilha de*

Cálculo Tarifário – Instruções Práticas Atualizadas, revisada pelo Ministério dos Transportes por meio do Grupo de Estudos para Integração da Política de Transporte (Geipot), em 1994.

Apesar do controle, os instrumentos são ineficazes quanto ao objetivo de promover a eficiência da operação.

6.2.2 Como são contabilizados os custos em hospitais – Sistema RKW

Em documento do Hospital de Clínicas da Universidade Federal do Paraná (HC – UFPR, 1999), encontramos a informação de que em hospitais há um amplo espaço para desenvolver métodos de gestão com base em gerenciamento de custos. A ideia usual é considerar cada leito hospitalar como um centro de custo, ao qual se aplicam custos diretos e indiretos.

Os custos diretos são compostos por materiais e serviços aplicados diretamente àquele leito, como medicamentos, oxigênio, alimentação, enfermagem e exames laboratoriais.

Os custos indiretos apresentam-se em dois níveis:

- Em um primeiro nível, há o apoio médico, cirúrgico, serviços de apoio, depreciações e manutenção de equipamentos.
- Em um segundo nível, há o rateio dos custos gerais e administrativos do hospital.

Com a presença cada vez maior de empresas ligadas a seguros de saúde, a introdução de tais sistemas de controle e acompanhamento de custos nos hospitais vai se tornando obrigatória, de modo que justifique valores de reembolso de despesas.

6.2.3 Como contabilizar custos no transporte ferroviário?

O transporte ferroviário é um tipo de serviço cuja apuração de custos é da mais alta complexidade. A Rede Ferroviária implantou um detalhado sistema de custos, dividindo a malha em trechos – e os custos observados em cada trecho passaram a ser computados para posterior rateio aos produtos e composições que por ali trafegam. Desse modo, foi possível, mediante laborioso esforço, implantar um sistema.

Por outro lado, a interpretação dos custos encontrados exige vários cuidados. Suponha, por exemplo, uma carga que trafegue por vários ramais e trechos: os custos do transporte seriam um somatório dos custos de cada trecho trafegado, enquanto a receita total seria repartida entre todos os trechos utilizados. Portanto, cada trecho utilizado contribui com uma parcela da receita total auferida.

A cautela com a interpretação tem a ver com os ramais deficitários, pois, se um ramal for fechado, por ser antieconômico, toda a carga que passa por ele é suprimida, o que reduz as receitas de outros trechos pelos quais aquela carga trafega, sem redução correspondente das despesas, já que grande parte dos custos do transporte ferroviário é de natureza indireta.

············o *Estabelecendo conexões* o············

No *site* da Pontifícia Universidade Católica do Rio de Janeiro (PUC-Rio) é possível encontrar mais informações sobre os custos no transporte ferroviário:

PUCRIO – Pontifícia Universidade Católica do Rio de Janeiro. **Divisão de Bibliotecas e Documentação.** Disponível em: <www2.dbd.puc-rio.br>. Acesso em: 18 abr. 2014.

6.2.4 Como contabilizar custos em escolas ou cursos?

A aplicação de estudos de custos em escolas ou em cursos apresenta uma riqueza de situações. Cada turma deve ser vista como um centro de custo, já que exigem apoios diferenciados.

- **Os custos diretos** mais importantes são os professores, incluindo salários, benefícios sociais, vales-transportes e ajudantes com seus respectivos custos.

- **Os custos indiretos**, por razões óbvias, não devem ser rateados de um modo único entre todas as turmas. Assim, dependendo do tipo de custo, podem ser usados os seguintes critérios:

  a) Ratear pelo número de turmas.

  b) Ratear pelo número de alunos.

  c) Ratear pelo fator aluno-hora ou ano correspondente.

A escolha de cada modo de rateio impõe um esforço de racionalidade. No cálculo do custo por aluno, em tese bastaria dividir os custos da turma pelo número de alunos correspondentes. Devido à presença de custos rateados às turmas e de custos rateados aos alunos, a divisão citada, e sua adequada interpretação exige muita cautela.

Na apuração do custo por aluno, os custos por turma passariam a ser custos fixos, e os custos por aluno, variáveis. Como os custos fixos prevalecem, cada aluno passa a ter um custo que depende do tamanho da turma. Em consequência, o custo mais importante para o gerenciamento da escola passa a ser os custos marginais, do aluno, que é simplesmente o seu custo variável. Esse custo depende da turma em que ele se insere e é válido até o limite de capacidade da turma.

Síntese

Após a leitura deste capítulo, você, com certeza, poderá desenvolver cálculos com critérios próprios e entender o resultado obtido.

Para começar a treinar, resolva as questões a seguir, como princípio de estudos deste assunto.

Questões para revisão

1. A empresa Texas Ltda., produtora dos produtos ferro elétrico Brasinha, ventilador Brasuca e aquecedor ICE, para produzir e vender gasta:

Itens de custo	Ferro	Ventilador	Aquecedor
Custos variáveis de produção	R$ 22,00	R$ 18,00	R$ 34,00
Despesas variáveis	R$ 8,00	R$ 3,00	R$ 5,00
Preço de venda	R$ 40,00	R$ 46,00	R$ 50,00
Custos e despesas fixas	R$ 30.000,00	R$ 25.000,00	R$ 28.000,00

Conforme informações, determine o ponto de equilíbrio contábil de cada produto.

2. Analise a situação a seguir:

Preço de venda	R$ 140,00
Custo variável	R$ 60,00
Despesa variável	R$ 30,00
Despesa fixa + Custo fixo	R$ 80.000,00
Capacidade produtiva/vendas mensais	2.200 unidades

Resolva as questões:
   a) Havendo um aumento de 30% em DF e CF, o que ocorrerá com o PEC?
   b) Havendo redução no PV em 20% e aumento de 15% em DF e CF, o que ocorrerá, em termos de variação, com MC, PEC e MS?

3. Indique se são verdadeiras (V) ou falsas (F) as afirmações a seguir:
   ( ) Havendo aumento no CF, a MC aumenta na mesma proporção.
   ( ) Um desconto de 5% no preço de venda reduz a MC e aumenta a MS.
   ( ) Aumento em CV e DV reduz a MC e aumenta o PE.

( ) MC R$ 30,00 > DF + CF R$ 40.000,00 > capacidade produtiva 1.100 unidades > situação muito boa da empresa.

( ) Quanto maior a MC, menor será o PE e menor será a MS.

( ) PE unidades vendidas indica lucro zero.

( ) Quanto maior a MC > menor PE > menor MS > maior lucro.

4. Com base nas informações a seguir, determine o grau de alavancagem operacional:

Vendas médias	1.200 unidades
PV	R$ 140,00
CV	R$ 16,00
DV	R$ 14,00
CF	R$ 40.000,00
DF	R$ 50.000,00

Variação nas unidades vendidas em 25% para mais e 25% para menos.

Para cálculo do grau de alavancagem:

Unidades			
Receita com vendas			
(–) CV			
(–) DV			
= Lucro bruto			
(–) DF			
(–) CF			
= Lucro operacional			
% no lucro (A)			
% nas unidades (B)			
Grau A/B			

5. A montadora de caminhões da marca Tabajara produz e vende normalmente 25 unidades ao mês. Sua estrutura de vendas e de custos se comporta da seguinte forma:

Preço de venda de cada caminhão	R$ 180.000,00
Despesas variáveis por caminhão	R$ 54.000,00
Custo variável por caminhão	R$ 87.000,00
Custos fixos mensais	R$ 356.000,00
Despesas fixas mensais	R$ 232.000,00
Depreciação do período	R$ 40.000,00
Capital investido	R$ 2.800.000,00
Taxa de retorno	2%

Calcule:
- a) O Ponto de Equilíbrio Contábil (PEC) (em unidade e em valor).
- b) O Ponto de Equilíbrio Econômico (PEE) (unidade e em valor).
- c) O Ponto de Equilíbrio Financeiro (PEF) (em unidade e em valor).

6. O Hotel Honduras Ltda. possui 100 apartamentos, todos da categoria luxo. Sua estrutura de custos, despesas e receita é a seguinte:
- Preço da diária (locação) por apartamento, líquido de tributos: R$ 140,00.
- Despesas variáveis por apartamento: 10% (preço de locação).
- Custo variável por apartamento por dia: R$ 90,00.
- Custos fixos mensais: R$ 80.000,00.
- Despesas fixas mensais: R$ 6.000,00.
- Depreciação mensal: R$ 3.000,00.
- Capital investido: R$ 800.000,00.
- Taxa de retorno: 2,0%.

Determine, com base no enunciado:

a) O Ponto de Equilíbrio Contábil (PEC) em quantidade de diárias.
b) O Ponto de Equilíbrio Econômico (PEE) em quantidade de diárias.
c) O Ponto de Equilíbrio Financeiro (PEF) em quantidade de diárias.
d) Que decisão você tomaria sabendo que a taxa de ocupação cairá para 60%, por ser baixa temporada, a partir dos próximos meses?

Saiba mais

Para saber mais sobre o assunto, leia os seguintes livros:

- BERTÓ, D. J.; BEULKE, R. **Gestão de custos**. 2. ed. São Paulo: Saraiva, 2011.
- HANSEN, D. R.; MOWEM, M. M. **Gestão de custos**. São Paulo: Pioneira, 2003.

Para concluir...

Caro leitor, espero ter contribuído de algum modo para seu aprendizado. Como disse anteriormente, esta obra prima pela simplicidade, porém não perde sua importância como um apoio para aqueles que desejam aprender um pouco mais e desenvolver sua capacidade intelectual.

A ideia é de fato apresentar aos leitores uma linguagem simples e direcionada para o tema que muitos buscam no dia a dia.

Referências

ANTT – Agência Nacional de Transportes Terrestres. **Relatório Anual 2009**. 2010. Disponível em <http://www.antt.gov.br/relatorioanual/Relatorio_Anual_2009.pdf>. Acesso em: 20 nov. 2014.

BERTÓ, D. J.; BEULKE, R. **Gestão de custos**. 2. ed. São Paulo: Saraiva, 2011.

BIERMAN, H.; DICKMAN, T. R. **Management Cost Accounting**. New York: MacMillam, 1971.

BRASIL. Decreto n. 3.000, de 26 de março de 1999. **Diário Oficial da União**, Poder Executivo, Brasília, DF, 29 mar. 1999. Disponível em: <http://www.planalto.gov.br/ccivil_03/decreto/d3000.htm>. Acesso em: 20 jan. 2014.

BRASIL. Decreto-Lei n. 1.598, de 26 de dezembro de 1977. **Diário Oficial da União**, Poder Executivo, Brasília, DF, 27 dez. 1977. Disponível em: <http://www.planalto.gov.br/ccivil_03/decreto-lei/del1598.htm>. Acesso em: 20 jan. 2014.

BRASIL. Lei n. 4.506, de 30 de novembro de 1964. **Diário Oficial da União**, Poder Legislativo, Brasília, DF, 30 nov. 1964. Disponível em: <http://www.planalto.gov.br/ccivil_03/leis/L4506.htm>. Acesso em: 20 jan. 2014.

_____. Lei n. 6.404, de 15 de dezembro de 1976. **Diário Oficial da União**, Poder Legislativo, Brasília, DF, 17 dez. 1976. Disponível em: <http://www.planalto.gov.br/ccivil_03/leis/l6404consol.htm>. Acesso em: 20 jan. 2014.

_____. Lei n. 9.249, de 26 de dezembro de 1995. **Diário Oficial da União**, Poder Legislativo, Brasília, DF, 27 dez. 1995. Disponível em: <http://www.planalto.gov.br/ccivil_03/leis/l9249.htm>. Acesso em: 20 jan. 2014.

_____. Lei n. 9.316, de 22 de novembro de 1996. **Diário Oficial da União**, Poder Legislativo, Brasília, DF, 23 nov. 1996a. Disponível em: <http://www.planalto.gov.br/ccivil_03/Leis/L9316.htm>. Acesso em: 20 jan. 2014.

_____. Lei n. 9.430, de 27 de dezembro de 1996. **Diário Oficial da União**, Poder Legislativo, Brasília, DF, 30 dez. 1996b. Disponível em: <http://www.planalto.gov.br/ccivil_03/leis/l9430.htm>. Acesso em: 20 jan. 2014.

_____. Lei n. 11.638, de 28 de dezembro de 2007. **Diário Oficial da União**, Poder Legislativo, Brasília, DF, 28 dez. 2007. Disponível em: <http://www.planalto.gov.br/ccivil_03/_ato2007-2010/2007/lei/l11638.htm>. Acesso em: 20 jan. 2014.

BRASIL. Ministério da Fazenda. Instrução Normativa SRF n. 51, de 3 de novembro de 1978. Disciplina procedimentos de apuração da receita de vendas e serviços, para tributação das pessoas jurídicas. **Diário Oficial da União**, Brasília, DF, 8 nov. 1978. Disponível em: <http://sijut2.receita.fazenda.gov.br/sijut2consulta/link.action?&visao=original&idAto=13879>. Acesso em: 23 abr. 2014.

_____. Instrução Normativa SRF n. 72, de 27 de julho de 1984. Fixa os prazos de vida útil admissíveis para fins de depreciação para os veículos automotores que menciona. **Diário Oficial da União**, Brasília, DF, 30 jul. 1984. Disponível em: <http://www.lexml.gov.br/urn:lex:br:ministerio.fazenda;secretaria.receita.federal:instrucao.normativa:1984-07-27;72>. Acesso em: 27 nov. 2014.

BRASIL. Ministério da Saúde. Secretaria Nacional do Programa Especial de Saúde. **Manual de apuração de custos hospitalares.** Brasília: Centro de Documentação do Ministério da Saúde, 1987.

BRASIL. Parecer Normativo CST n. 5, de 14 de fevereiro de 1986. **Diário Oficial da União,** Brasília, DF, 19 fev. 1986. Disponível em: <http://www.portaltributario.com.br/legislacao/pn5.htm>. Acesso em: 23 abr. 2014.

_____. Parecer Normativo CST n. 14, de 19 maio de 1981. **Diário Oficial da União,** Brasília, DF, 22 maio 1981. Disponível em: <http://www.normaslegais.com.br/legislacao/tributario/pn14.htm>. Acesso em: 23 abr. 2014.

_____. Parecer Normativo CST n. 95, de 1º de setembro de 1975. **Diário Oficial da União,** Brasília, DF, 17 set. 1975a. Disponível em: <http://www.fiscosoft.com.br/g/4ik/parecer-normativo-coordenador-do-sistema-de-tributacao-cst-n-95-de-00001975>. Acesso em: 23 abr. 2014.

_____. Parecer Normativo CST n. 146, de 1º de dezembro de 1975. **Diário Oficial da União,** Brasília, DF, 19 dez. 1975b. Disponível em: <http://www.fiscosoft.com.br/g/4hn/parecer-normativo-coordenador-do-sistema-de-tributacao-cst-n-146-de-00001975>. Acesso em: 23 abr. 2014.

BRASIL. **Receita Federal.** Disponível em: <http://www.receita.fazenda.gov.br>. Acesso em: 17 abr. 2014.

BRASIL. Receita Federal. **Despesas operacionais.** Disponível em: <http://www.receita.fazenda.gov.br/pessoajuridica/dipj/2002/pergresp2002/pr292a301.htm>. Acesso em: 20 jan. 2014.

_____. **Exaustão.** Disponível em: <http://www.receita.fazenda.gov.br/pessoajuridica/dipj/2002/pergresp2002/pr386a389.htm>. Acesso em: 20 jan. 2014.

_____. Medida Provisória n. 449, de 3 de dezembro de 2008. **Diário Oficial da União,** Brasília, DF, 4 dez. 2008. Disponível em: <http://www.receita.fazenda.gov.br/Legislacao/MPs/2008/mp449.htm>. Acesso em: 24 abr. 2014.

BRIMSON, J. A. **Contabilidade por atividades.** São Paulo: Atlas, 2000.

BUCKLEY, J. W. **Essentials of Accounting**: and Information Systems Approach. Encino, CA: Dickenson Pub. Co., 1975.

CFC – Conselho Federal de Contabilidade. **Portal CFC**. Disponível em: <http://www.cfc.org.br>. Acesso em: 17 abr. 2014.

_____. **História dos congressos brasileiros de contabilidade**. Brasília: CFC, 2008.

CFC – Conselho Federal de Contabilidade. Resolução CFC n. 1.282, de 2 de junho de 2010. **Diário Oficial da União**, Poder Executivo, Brasília, DF, 2 jun. 2010. Disponível em: <http://www.cfc.org.br/sisweb/sre/detalhes_sre.aspx?Codigo=2010/001282>. Acesso em: 8 abr. 2014.

CRC-PR – Conselho Regional de Contabilidade do Paraná. **Portal do Conselho Regional de Contabilidade do Paraná**. Paraná, 2014. Disponível em: <www.crcpr.org.br>. Acesso em: 23 abr. 2014.

CVM – Comissão de Valores Mobiliários. **Deliberação CVM n. 566**, de 17 de dezembro de 2008. Brasília, 2008. Disponível em: <www.cvm.gov.br/asp/cvmwww/Atos/Atos/deli/deli566.doc>. Acesso em: 24 abr. 2014.

DOPUCH, N. et al. **Cost Accounting Data for Management's Decisions**. New York: MHacourt Brace Jovanovich, 1974.

FRANCO, H. **Contabilidade geral**. 5. ed. São Paulo: Atlas, 2005.

GOUVEIA, N. **Contabilidade**. 3. ed. São Paulo: McGraw Hill do Brasil, 2000.

HANSEN, D. R.; MOWEM, M. M. **Gestão de custos**. São Paulo: Pioneira, 2003.

HERMANN JÚNIOR, F. **Contabilidade superior**: teoria econômica da contabilidade. 9. ed. São Paulo: Atlas, 1972.

HC-UFPR – Hospital de Clínicas da Universidade Federal do Paraná. Acessoria de Planejamento e Custos. **Sistemas de custos hospitalares**. Curitiba: HC/UFPR, 1999.

HORNGREN, C. T.; DATAR, S. M.; FOSTER, G. **Contabilidade de custos**. 11. ed. São Paulo: Pearson, 2004.

IUDÍCIBUS, S. de; MARTINS, E.; GELBCKE, E. R. (Coord.). **Manual de contabilidade das sociedades por ações**. São Paulo: Atlas, 1995.

LEONE, G. S. G. **Custos**: planejamento, implantação e controle. São Paulo: Atlas, 1989.

MARION, J. C. **Contabilidade básica**. São Paulo: Atlas, 1993.

MARTINS, E. **Contabilidade de custos**. 9. ed. São Paulo: Atlas, 2003.

MARTINS, E. **Contabilidade de custos**. 10. ed. São Paulo: Atlas, 2010.

MATTOS, J. G. **Sistemas de custos e administração de materiais como instrumento para a tomada de decisões gerenciais na administração hospitalar**. Dissertação (Mestrado em Saúde) Universidade Federal de Santa Catarina, Florianópolis, 1999.

MATZ, A.; USRY, M. F. **Cost Accounting**: Planning and Control. 7. ed. Cincinnati: Southwestern Publishing, 1980.

MEGLIORINI, E. **Custos**. São Paulo: Makron Books, 2001.

MOLIGA, M. A nova visão contábil após a Lei 11.638/2007. **Contábeis**, 30 maio 2012. Disponível em: <http://www.contabeis.com.br/artigos/790/a-nova-visao-contabil-apos-a-lei-116382007/>. Acesso em: 20 jan. 2014.

NAKAGAWA, M. **ABC**: custeio baseado em atividades. São Paulo: Atlas, 2000.

PATON, C.; CUNHA, J. V. A. da; LAVARDA, C. E. F. Instrumento financeiro derivativo de contrato a termo: uma proposta de contabilização. In: SEMINÁRIOS EM ADMINISTRAÇÃO, 12., 2009, São Paulo. **Anais...** São Paulo, 2009. Disponível em: <http://www.ead.fea.usp.br/semead/12semead/resultado/trabalhosPDF/147.pdf>. Acesso em: 20 jan. 2014.

PIZZOLATO, N. D. **Introdução à contabilidade gerencial**. São Paulo: Makron Books, 1998.

PUC-RIO – Pontifícia Universidade Católica do Rio de Janeiro. **Divisão de Bibliotecas e Documentação**. Disponível em: <http://www2.dbd.puc-rio.br>. Acesso em: 18 abr. 2014.

RIBEIRO, O. M. **Contabilidade de custos fácil**. São Paulo: Saraiva, 2012.

SÁEZ TORRECILLA, A. **Contabilidad de costes y contabilidad de gestion**. Madrid: McGraw Hill, 2000. v. 1.

SAKURAI, M. **Gerenciamento integrado de custos**. São Paulo: Atlas, 1997.

WOLFFENBÜTTEL, A. O que é? FOB. **Revista do Ipea**, Brasília, ano 3, n. 27, 5 out. 2006. Disponível em: <http://www.ipea.gov.br/desafios/index.php?option=com_content&view=article&id=2115:catid=28&Itemid=23>. Acesso em: 20 jan. 2014.

Anexo

Princípios da contabilidade

Tema a parte, mas fundamental, são **os princípios da contabilidade**, emanados pelo Conselho Federal de Contabilidade (CFC) e criados para direcionar e orientar as empresas sobre como proceder no momento da ocorrência dos fatos contábeis. Esses princípios têm caráter técnico e orientador e apresentam como **premissa básica a transparência dos registros contábeis**, os quais devem traduzir a real situação da empresa em determinado momento.

Apresentamos a seguir os princípios da contabilidade ditados pela Resolução n. 750, de 31 de dezembro de 1993 e, posteriormente, as alterações emanadas pela Resolução n. 1.282, de 28 de maio de 2010.

PRINCÍPIOS DA CONTABILIDADE - RESOLUÇÃO DO CFC Nº 750/1993

ALTERADA PELA RESOLUÇÃO Nº 1.282/2010

RESOLUÇÃO CFC Nº 750/93 - PRINCÍPIOS FUNDAMENTAIS DE CONTABILIDADE

Dispõe sobre os Princípios Fundamentais de Contabilidade.

O CONSELHO FEDERAL DE CONTABILIDADE, no exercício de suas atribuições legais e regimentais.

CONSIDERANDO que a evolução da última década na área da Ciência Contábil reclama a atualização substantiva e adjetiva dos Princípios Fundamentais de Contabilidade a que se refere a Resolução CFC 530/81.

RESOLVE:

CAPÍTULO I

DOS PRINCÍPIOS E DE SUA OBSERVÂNCIA

Art. 1º - Constituem PRINCÍPIOS FUNDAMENTAIS DE CONTABILIDADE (P.F.C.) os enunciados por esta Resolução.

Parágrafo 1º - A observância dos Princípios Fundamentais de Contabilidade é obrigatória no exercício da profissão e constitui condição de legitimidade das Normas Brasileiras de Contabilidade (NBC).

Parágrafo 2º - Na aplicação dos Princípios Fundamentais de Contabilidade há situações concretas, a essência das transações deve prevalecer sobre seus aspectos formais.

CAPÍTULO II

DA CONCEITUAÇÃO, DA AMPLITUDE E DA ENUMERAÇÃO.

Art. 2º - Os Princípios Fundamentais de Contabilidade representam a essência das doutrinas e teorias relativas à Ciência da Contabilidade, consoante o entendimento predominante nos universos científico e profissional de nosso País.

Concernem, pois, à Contabilidade no seu sentido mais amplo de ciência social, cujo objeto é o Patrimônio das Entidades.

Art. 3º – São Princípios Fundamentais de Contabilidade:

I. o da ENTIDADE;

II. o da CONTINUIDADE;

III. o da OPORTUNIDADE;

IV. o do REGISTRO PELO VALOR ORIGINAL;

V. o da ATUALIZAÇÃO MONETÁRIA;

VI. o da COMPETÊNCIA e

VII. o da PRUDÊNCIA.

SEÇÃO I

O PRINCÍPIO DA ENTIDADE

Art. 4º – O Princípio da ENTIDADE reconhece o Patrimônio como objeto da Contabilidade e afirma a autonomia patrimonial, a necessidade da diferenciação de um Patrimônio particular no universo dos patrimônios existentes, independentemente de pertencer a uma pessoa, um conjunto de pessoas, uma sociedade ou instituição de qualquer natureza ou finalidade, com ou sem fins lucrativos. Por consequência, nesta acepção, o Patrimônio não se confunde com aqueles dos seus sócios ou proprietários, no caso de sociedade ou instituição.

Parágrafo único – O PATRIMÔNIO pertence à ENTIDADE, mas a recíproca não é verdadeira. A soma ou agregação contábil de patrimônios autônomos não resulta em nova ENTIDADE, mas numa unidade de natureza econômico-contábil.

SEÇÃO II

O PRINCÍPIO DA CONTINUIDADE

Art. 5º – A CONTINUIDADE ou não da ENTIDADE, bem como sua vida definida ou provável, devem ser consideradas quando da classificação e avaliação das mutações patrimoniais, quantitativas e qualitativas.

Parágrafo 1º – A CONTINUIDADE influencia o valor econômico dos Ativos e, em muitos casos, o valor ou o vencimento dos Passivos, especialmente quando a extinção da ENTIDADE tem prazo determinado, previsto ou previsível.

Parágrafo 2º – A observância do Princípio da CONTINUIDADE é indispensável à correta aplicação do Princípio da COMPETÊNCIA, por efeito de se relacionar diretamente à quantificação dos componentes patrimoniais e à formação do resultado, e de constituir dado importante para aferir a capacidade futura de geração de resultado.

SEÇÃO III

O PRINCÍPIO DA OPORTUNIDADE

Art. 6º – O Princípio da OPORTUNIDADE refere-se, simultaneamente, à tempestividade e à integridade do registro do patrimônio e das suas mutações, determinando que este seja feito de imediato e com a extensão correta, independentemente das causas que as originaram.

Parágrafo único – Como resultado da observância do Princípio da Oportunidade:

I. desde que tecnicamente estimável, o registro das variações patrimoniais deve ser feito mesmo na hipótese de somente existir razoável certeza de sua ocorrência;

II. o registro compreende os elementos quantitativos e qualitativos, contemplando os aspectos físicos e monetários;

III. o registro deve ensejar o reconhecimento universal das variações ocorridas no patrimônio da ENTIDADE, em um período de tempo determinado, base necessária para gerar informações úteis ao processo decisório da gestão.

SEÇÃO IV
O PRINCÍPIO DO REGISTRO PELO VALOR ORIGINAL

Art. 7º – Os componentes do patrimônio devem ser registrados pelos valores originais das transações com o mundo exterior, expressos a valor presente na moeda do País, que serão mantidos na avaliação das variações patrimoniais posteriores, inclusive quando configurarem agregações ou decomposições no interior da ENTIDADE.

Parágrafo único – Do Princípio do REGISTRO PELO VALOR ORIGINAL resulta:

I. a avaliação dos componentes patrimoniais deve ser feita com base nos valores de entrada, considerando-se como tais os resultantes do consenso com os agentes externos ou da imposição destes;

II. uma vez integrado no patrimônio, o bem, direito ou obrigação não poderão ter alterados seus valores intrínsecos, admitindo-se, tão-somente, sua decomposição em elementos e/ou sua agregação, parcial ou integral, a outros elementos patrimoniais;

III. o valor original será mantido enquanto o componente permanecer como parte do patrimônio, inclusive quando da saída deste;

IV. os Princípios da ATUALIZAÇÃO MONETÁRIA e do REGISTRO PELO VALOR ORIGINAL são compatíveis entre si e complementares, dado que o primeiro apenas atualiza e mantém atualizado o valor de entrada;

v. o uso da moeda do País na tradução do valor dos componentes patrimoniais constitui imperativo de homogeneização quantitativa dos mesmos.

O PRINCÍPIO DA ATUALIZAÇÃO MONETÁRIA

Art. 8º – Os efeitos da alteração do poder aquisitivo da moeda nacional devem ser reconhecidos nos registros contábeis através do ajustamento da expressão formal dos valores dos componentes patrimoniais.

Parágrafo único – São resultantes da adoção do Princípio da ATUALIZAÇÃO MONETÁRIA:

I. a moeda, embora aceita universalmente como medida de valor, não representa unidade constante em termos do poder aquisitivo;

II. para que a avaliação do patrimônio possa manter os valores das transações originais (art. 7º), é necessário atualizar sua expressão formal em moeda nacional, a fim de que permaneçam substantivamente corretos os valores dos componentes patrimoniais e, por consequência, o do Patrimônio Líquido;

III. a atualização monetária não representa nova avaliação, mas, tão-somente, o ajustamento dos valores originais para determinada data, mediante a aplicação de indexadores, ou outros elementos aptos a traduzir a variação do poder aquisitivo da moeda nacional em um dado período.

SEÇÃO VI

O PRINCÍPIO DA COMPETÊNCIA

Art. 9º – As receitas e as despesas devem ser incluídas na apuração do resultado do período em que ocorrerem, sempre simultaneamente quando se correlacionarem, independentemente de recebimento ou pagamento.

Parágrafo 1º – O Princípio da COMPETÊNCIA determina quando as alterações no Ativo ou no Passivo resultam em aumento ou diminuição no Patrimônio Líquido, estabelecendo diretrizes para classificação das mutações patrimoniais, resultantes da observância do Princípio da OPORTUNIDADE.

Parágrafo 2º – O reconhecimento simultâneo das receitas e despesas, quando correlatas, é consequência natural do respeito ao período em que ocorrer sua geração.

Parágrafo 3º – As receitas consideram-se realizadas:

I. nas transações com terceiros, quando estes efetuarem o pagamento ou assumirem compromisso firme de efetivá-lo, quer pela investidura na propriedade de bens anteriormente pertencentes à ENTIDADE, quer pela fruição de serviços por esta prestados;

II. quando da extinção, parcial ou total, de um Passivo, qualquer que seja o motivo, sem o desaparecimento concomitante de um Ativo de valor igual ou maior;

III. pela geração natural de novos Ativos independentemente da intervenção de terceiros;

IV. no recebimento efetivo de doações e subvenções.

Parágrafo 4º – Consideram-se incorridas as despesas:

I. quando deixar de existir o correspondente valor Ativo, por transferência de sua propriedade para terceiros.

II. pela diminuição ou extinção do valor econômico de um Ativo;

III. pelo surgimento de um Passivo, sem o correspondente Ativo.

SEÇÃO VII

O PRINCÍPIO DA PRUDÊNCIA

Art. 10 – O Princípio da PRUDÊNCIA determina a adoção do menor valor para os componentes do Ativo e do maior para os do Passivo, sempre que se apresentem alternativas igualmente válidas para a quantificação das mutações patrimoniais que alterem o Patrimônio Líquido.

Parágrafo 1º – O Princípio da PRUDÊNCIA impõe a escolha da hipótese de que resulte menor Patrimônio Líquido, quando se apresentarem opções igualmente aceitáveis diante dos demais Princípios Fundamentais de Contabilidade.

Parágrafo 2º – Observado o disposto no art. 7º, o Princípio da PRUDÊNCIA somente se aplica às mutações posteriores, constituindo-se ordenamento indispensável à correta aplicação do Princípio da COMPETÊNCIA.

Parágrafo 3º – A aplicação do Princípio da PRUDÊNCIA ganha ênfase quando, para definição dos valores relativos às variações patrimoniais, devem ser feitas estimativas que envolvem incertezas de grau variável.

Art. 11 – A inobservância dos Princípios Fundamentais de Contabilidade constitui infração nas alíneas "c", "d" e "e" do art. 27 do Decreto-Lei n.º 9.295, de 27 de maio de 1946 e, quando aplicável, ao Código de Ética Profissional do Contabilista.

Art. 12 – Revogada a Resolução CFC n.º 530/81, esta Resolução entra em vigor a partir de 1º de janeiro de 1994.

Brasília, 29 de dezembro de 1993.
Contador IVAN CARLOS GATTI
Presidente

PRÍNCÍPIOS DA CONTABILIDADE – COMO FICARAM APÓS A RESOLUÇÃO CFC Nº 1.282/2010

DE 28 DE MAIO DE 2010 ATUALIZA E CONSOLIDA DISPOSITIVOS DA RESOLUÇÃO CFC Nº. 750/93, QUE DISPÕE SOBRE OS PRINCÍPIOS FUNDAMENTAIS DE CONTABILIDADE.

O CONSELHO FEDERAL DE CONTABILIDADE, no exercício de suas atribuições legais e regimentais,

CONSIDERANDO que, por conta do processo de convergência às normas internacionais de contabilidade, o Conselho Federal de Contabilidade emitiu a NBC T 1 – Estrutura Conceitual para a Elaboração e Apresentação das Demonstrações Contábeis, que discute a aplicabilidade dos Princípios Fundamentais de Contabilidade contidos na Resolução CFC n.º 750/93;

CONSIDERANDO a necessidade de manutenção da Resolução CFC n.º 750/93, que foi e continua sendo referência para outros organismos normativos e reguladores brasileiros;

CONSIDERANDO a importância do conteúdo doutrinário apresentado na Resolução CFC n.º 750/93, que continua sendo, nesse novo cenário convergido, o alicerce para o julgamento profissional na aplicação das Normas Brasileiras de Contabilidade;

CONSIDERANDO que, para assegurar a adequada aplicação das Normas Brasileiras de Contabilidade à luz dos Princípios de Contabilidade, há a necessidade de harmonização dos dois documentos vigentes (Resolução CFC n.º 750/93 e NBC T 1);

CONSIDERANDO que, por conta dessa harmonização, a denominação de Princípios Fundamentais de Contabilidade deva ser alterada para Princípios de Contabilidade, visto ser suficiente para o perfeito entendimento dos usuários das demonstrações contábeis e dos profissionais da Contabilidade,

RESOLVE:

Art. 1º. Os "Princípios Fundamentais de Contabilidade (PFC)", citados na Resolução CFC n.º 750/93, passam a denominar-se "Princípios de Contabilidade (PC)".

Art. 2º. O "CONSIDERANDO" da Resolução CFC n.º 750/93 passa a vigorar com a seguinte redação:

"CONSIDERANDO a necessidade de prover fundamentação apropriada para interpretação e aplicação das Normas Brasileiras de Contabilidade."

Art. 3º. Os arts. 5º, 6º, 7º, 9º e o parágrafo 1º do art. 10, da Resolução CFC n.º 750/93, passam a vigorar com as seguintes redações:

"Art. 5º. O Princípio da Continuidade pressupõe que a Entidade continuará em operação no futuro e, portanto, a mensuração e a apresentação dos componentes do patrimônio levam em conta esta circunstância.

Art. 6º. O Princípio da Oportunidade refere-se ao processo de mensuração e apresentação dos componentes patrimoniais para produzir informações íntegras e tempestivas.

Parágrafo único. A falta de integridade e tempestividade na produção e na divulgação da informação contábil pode ocasionar a perda de sua relevância, por isso é necessário ponderar a relação entre a oportunidade e a confiabilidade da informação.

Art. 7º. O Princípio do Registro pelo Valor Original determina que os componentes do patrimônio devem ser inicialmente registrados pelos valores originais das transações, expressos em moeda nacional.

Parágrafo 1º. As seguintes bases de mensuração devem ser utilizadas em graus distintos e combinadas, ao longo do tempo, de diferentes formas:

   I. Custo histórico. Os Ativos são registrados pelos valores pagos ou a serem pagos em caixa ou equivalentes de caixa ou pelo valor justo dos recursos que são entregues para adquiri-los na data da aquisição. Os Passivos são registrados pelos valores dos recursos que foram recebidos em troca da obrigação ou, em algumas circunstâncias, pelos valores em caixa ou equivalentes de caixa, os quais serão necessários para liquidar o Passivo no curso normal das operações; e

II. Variação do custo histórico. Uma vez integrado ao patrimônio, os componentes patrimoniais, Ativos e Passivos, podem sofrer variações decorrentes dos seguintes fatores:

a) Custo corrente. Os Ativos são reconhecidos pelos valores em caixa ou equivalentes de caixa, os quais teriam de ser pagos se esses Ativos ou Ativos equivalentes fossem adquiridos na data ou no período das demonstrações contábeis. Os Passivos são reconhecidos pelos valores em caixa ou equivalentes de caixa, não descontados, que seriam necessários para liquidar a obrigação na data ou no período das demonstrações contábeis;

b) Valor realizável. Os Ativos são mantidos pelos valores em caixa ou equivalentes de caixa, os quais poderiam ser obtidos pela venda em uma forma ordenada. Os Passivos são mantidos pelos valores em caixa e equivalentes de caixa, não descontados, que se espera seriam pagos para liquidar as correspondentes obrigações no curso normal das operações da Entidade;

c) Valor presente. Os Ativos são mantidos pelo valor presente, descontado do fluxo futuro de entrada líquida de caixa que se espera seja gerado pelo item no curso normal das operações da Entidade. Os Passivos são mantidos pelo valor presente, descontado do fluxo futuro de saída líquida de caixa que se espera seja necessário para liquidar o Passivo no curso normal das operações da Entidade;

d) Valor justo. É o valor pelo qual um Ativo pode ser trocado, ou um Passivo liquidado, entre partes conhecedoras, dispostas a isso, em uma transação sem favorecimentos; e

e) Atualização monetária. Os efeitos da alteração do poder aquisitivo da moeda nacional devem ser reconhecidos nos registros contábeis mediante o ajustamento da expressão formal dos valores dos componentes patrimoniais.

Parágrafo 2º. São resultantes da adoção da atualização monetária:

I. a moeda, embora aceita universalmente como medida de valor, não representa unidade constante em termos do poder aquisitivo;

II. para que a avaliação do patrimônio possa manter os valores das transações originais, é necessário atualizar sua expressão formal em moeda nacional, a fim de que permaneçam substantivamente corretos os valores dos componentes patrimoniais e, por consequência, o do Patrimônio Líquido; e

III. a atualização monetária não representa nova avaliação, mas tão somente o ajustamento dos valores originais para determinada data, mediante a aplicação de indexadores ou outros elementos aptos a traduzir a variação do poder aquisitivo da moeda nacional em um dado período."

(...)

"Art. 9º. O Princípio da Competência determina que os efeitos das transações e outros eventos sejam reconhecidos nos períodos a que se referem, independentemente do recebimento ou pagamento. Parágrafo único. O Princípio da Competência pressupõe a simultaneidade da confrontação de receitas e de despesas correlatas."

Art. 10. (...)

"Parágrafo único. O Princípio da Prudência pressupõe o emprego de certo grau de precaução no exercício dos julgamentos necessários às estimativas em certas condições de incerteza, no sentido de que Ativos e receitas não sejam superestimados e que Passivos e despesas não sejam subestimados, atribuindo maior confiabilidade ao processo de mensuração e apresentação dos componentes patrimoniais."

Art. 4º. Ficam revogados o inciso V do art. 3º, o art. 8º e os parágrafos 2º e 3º do art. 10, da Resolução CFC n.º 750/93, publicada no D.O.U., Seção I, de 31.12.93; a Resolução CFC n.º 774/94, publicada no D.O.U., Seção I, de 18/1/95, e a Resolução CFC n.º 900/01, publicada no D.O.U., Seção I, de 3/4/01.

Art. 5º. Esta Resolução entra em vigor na data de sua publicação.

Brasília, 28 de maio de 2010.
Contador Juarez Domingues Carneiro,
Presidente
Publicada no Diário Oficial da União de 02 de junho de 2010.

BRASIL. Conselho Federal de Contabilidade. Resolução CFC n. 1.282, de 2 de junho de 2010. **Diário Oficial da União**, Poder Executivo, Brasília, DF, 2 jun. 2010. Disponível em: <http://www.cfc.org.br/sisweb/sre/detalhes_sre.aspx?Codigo=2010/001282>. Acesso em: 8 abr. 2014.

Respostas

Capítulo 1

1. e
2. b
3. e
   Depreciação da fábrica: R$ 27.000,00
   Aluguéis de fábrica: R$ 80.000,00
   Administração da fábrica: R$ 100.000,00
   Mão de obra indireta: R$ 25.000,00
   Energia elétrica (fábrica): R$ 50.000,00
4. a
5. c
6. R$ 220.000,00/110 horas = R$ 2.000,00.
   Produção: R$ 2.000,00 × 40 horas = R$ 80.000,00.
   Mecânica: R$ 2.000,00 × 50 horas = R$ 100.000,00.
   Laboratório: R$ 2.000,00 × 20 horas = R$ 40.000,00.
7. b

8.
   a) R$ 66.000,00
   b) R$ 44.900,00
   c) R$ 28.450,00
   d) R$ 66.450,00
   e) R$ 16.900,00

Capítulo 2

1. b
2. SPL: R$ 68.000,00
3. a) Bens e direitos: R$ 509.300,00
   b) Obrigações: R$ 140.000,00
   c) Bens móveis: R$ 315.500,00
   d) Bens imóveis: R$ 90.000,00
   e) Bens: R$ 372.500,00
   f) Total de origens: R$ 210.000,00
   g) Origens de terceiros: R$ 140.000,00
   h) Origens de curto prazo: R$ 90.000,00
   i) Origens de longo prazo: R$ 50.000,00
   j) Bens intangíveis: R$ 33.000,00
4. b
5. b
6. a) Móveis: R$ 269.000,00
   b) Imóveis: R$ 360.000,00
   c) Tangíveis: R$ 125.000,00
   d) Intangíveis: R$ 180.000,00
7. d
8. c

Capítulo 3

1. b
2. d
3. c

4. b
5. a
6. e
7. c
8. A, A, O, A, O, O, A, O, O, A.
9. d
10. b
11. e

Capítulo 4

1. c
2. e
3. d
4. b
5. e

Capítulo 5

1. A situação do balanço ficaria assim:

Ativo		Passivo	
Ativo CIRCULANTE	**R$ 107.105,00**	**Passivo CIRCULANTE**	**R$ 59.505,00**
DISPONÍVEL	R$ 5.000,00	FORNECEDORES	R$ 35.000,00
DIREITOS	R$ 102.105,00	IMPOSTOS A PAGAR	R$ 24.505,00
ESTOQUES		SALÁRIOS A PAGAR	
DESPESAS ANTECIPADAS		ENCARGOS SOCIAIS A PAGAR	
REALIZÁVEL A LONGO PRAZO		PROV. PARA IMPOSTO DE RENDA	
DEPÓSITOS JUDICIAIS		EMPRÉSTIMOS A PAGAR	
IMPOSTOS A RECUPERAR		**EXIG. A LONGO PRAZO**	
Ativo PERMANENTE	**R$ 60.000,00**	FINANCIAMENTOS	
INVESTIMENTOS		PARC. IMPOSTOS	
IMOBILIZADO	R$ 60.000,00	**EXIG. A LONGO PRAZO**	
Diferido		FINANCIAMENTOS	
Ativo TOTAL	**R$ 167.105,00**	PARC. IMPOSTOS	
		Passivo TOTAL	**R$ 167.105,00**

Já o Demonstrativo de resultado do exercício ficaria assim – desprezar centavos:

Demonstrativo de Resultado do Exercício (DRE)		
Receita bruta de vendas		R$ 102.105,00
(–) Impostos		R$ 18.379,00
	PIS 0,65%	R$ 663,00
	Cofins 3,0 %	R$ 3.063,00
Receita Líquida		R$ 80.000,00
(–) Custo do Produto Vendido (CPV)		R$ 30.000,00
Lucro Bruto		R$ 50.000,00
(–) Despesas Operacionais		R$ 40.000,00
Lucro Operacional		R$ 10.000,00
(+/–) Resultado não operacional		R$ 00
LAIR – Lucro antes do IRPJ		R$ 10.000,00
(–) Imposto de Renda Pessoa Jurídica: 15%		R$ 1.500,00
(–) Contr. Social sobre o Lucro Líquido: 9%		R$ 900,00
= Lucro ou prejuízo do exercício		**R$ 7.600,00**

2. Farão parte:

   a) do Balanço Patrimonial os itens a, b, c, j, totalizando R$ 190.000,00.

   b) do Demonstrativo de resultado os itens d, e, f, g, h, i, totalizando R$ 273.900,00.

3.

Ativo		Passivo	
Ativo circulante		**Passivo circulante**	
Disponível	**R$ 58.500,00**	Duplicatas a pagar	R$ 45.000,00
Caixa	R$ 2.500,00	ICMS a recolher	R$ 26.000,00
Banco	R$ 56.000,00	PIS a recolher	R$ 1.300,00
Aplicações financeiras	000	Cofins a recolher	R$ 6.000,00
		MOD a pagar	R$ 29.000,00
Direitos		MOI a pagar	R$ 23.000,00
Duplicatas a receber	**R$ 150.000,00**	Cifs a pagar	R$ 17.000,00

(continua)

Outros créditos		IRPJ a recolher	R$ 7.005,00
		CSLL a recolher	R$ 4.203,00
Estoques			
Produto acabado	R$ 33.000,00		
Produto em processo	R$ 11.000,00		
Matéria-prima	R$ 22.000,00		
Realizável a longo prazo	R$ 11.460,00	Exigível a longo prazo	R$ 35.000,00
Ativo permanente		Patrimônio líquido	
Investimentos	R$ 88.000,00	Capital social	R$ 156.960,00
Imobilizado	R$ 12.000,00	Lucro	R$ 35.492,00
Diferido		Prejuízo	
Total do Ativo R$ 385.960,00			
Total do Passivo R$ 385.960,00			

Demonstrativo de Resultado do Exercício (DRE)		
Receita bruta de vendas		R$ 200.000,00
(–) Impostos	ICMS 18%	R$ 36.000,00
	PIS 0,65%	R$ 1.300,00
	Cofins 3,0 %	R$ 6.000,00
Receita Líquida		R$ 156.700,00
(–) Custo do Produto Vendido (CPV)		R$ 80.000,00
Lucro Bruto		R$ 76.700,00
(–) Despesas Operacionais		R$ 30.000,00
Lucro Operacional		R$ 46.700,00
(+/–) Resultado não operacional		R$ 00
LAIR – Lucro antes do IRPJ		R$ 46.700,00
(–) Imposto de Renda Pessoa Jurídica: 15%		R$ 7.005,00
(–) Contr. Social sobre o Lucro Líquido: 9%		R$ 4.203,00
= Lucro ou prejuízo do exercício		**R$ 35.492,00**

4. a

5. e

Capítulo 6

1.

Ferro = R$ 30.000,00 / 10 = 3.000 unidades
Ventilador = R$ 25.000,00 / 25 = 1.000 unidades
Aquecedor = R$ 28.000,00 / 11 = 2.545 unidades

2. a) O PEC irá para 2.080 unidades, haja vista o aumento do custo e as despesas fixas.

b) Haverá redução de 56% na margem de contribuição. Haverá aumento nas unidades vendidas para obter o lucro zero, passando inicialmente de 1.600 unidades para 4.181 unidades, devido ao aumento dos custos e das despesas, combinados com a redução do preço de venda. Nessa situação, a empresa não terá capacidade produtiva para atingir o ponto de equilíbrio: sua capacidade atual é de 2.200 unidades e ela teria de produzir 4.181 unidades.

3. F, F, V, F, F, V, V.

4.

Unidades vendidas	900	1.200	1.500
Receita com vendas	R$ 126.000,00	R$ 168.000,00	R$ 210.000,00
(–) CV	R$ 14.400,00	R$ 19.200,00	R$ 24.000,00
(–) DV	R$ 12.600,00	R$ 16.800,00	R$ 21.000,00
= Lucro bruto	R$ 99.000,00	R$ 132.000,00	R$ 165.000,00
(–) DF	R$ 50.000,00	R$ 50.000,00	R$ 50.000,00
(–) CF	R$ 40.000,00	R$ 40.000,00	R$ 40.000,00
= Lucro operacional	R$ 9.000,00	R$ 42.000,00	R$ 75.000,00
% no lucro (A)	– 78,57%		+ 78,57%
% nas unidades (B)	25%		25%
Grau A/B	– 3,14		+ 3,14

5. Margem de contribuição = PV − (DESPESA E CUSTOS VARIÁVEIS)

   = 180.000 − (54.000 + 87.000) = 39.000

   PEC = DESPESAS E CUSTOS FIXOS / MARGEM DE CONTRIBUIÇÃO

   PEC = 356.000 + 232.000 / 39.000 = 15,07 (venda de caminhões para ter lucro zero).

   PEE = DESPESAS E CUSTOS FIXOS + 2%
   SOBRE CAPITAL INVESTIDO / MARGEM DE CONTRIBUIÇÃO

   PEE= 356.000 + 232.000 + 56.000 (2.800.000 · 2%) / 39.000
   = 16,51 (venda de caminhões no PEE para retorno de 2% sobre o capital investido)

   PEF = DESPESAS E CUSTOS FIXOS − (DEPRECIAÇÃO) / MARGEM DE CONTRIBUIÇÃO

   PEF = 356.000 + 232.000 − 40.000 / 39.000 = 14,05 (venda em caminhões para cobrir os valores efetivamente gastos sem a depreciação)

6. a) PEC = 1.720 diárias (R$ 86.000,00/mc de R$ 50,00)

   b) PEE = 2.040 diárias (R$ 86.000 + R$ 16.000
   (R$ 800.000,00 · 2%)/R$ 50,00)

   c) PEF = 1.660 diárias (R$ 86.000 (−) R$ 3.000,00/R$ 50,00)

   d) Resposta aberta.

Sobre o autor

José Carlos Cortiano é contabilista, formado pela Faculdade de Administração e Economia (FAE) de Curitiba em 1990. Também concluiu o curso de pós-graduação em Finanças (1991) nessa mesma instituição. Realizou mestrado em Administração Financeira (2000) pela Universidad de Extremadura, na Espanha, em convênio com a Faculdade de Administração e Economia (Faesp) de São Paulo. O mestrado foi reconhecido pela Universidade Federal do Rio Grande do Norte (UFRN).

Exerceu as atividades de diretor, gerente administrativo e financeiro e auditor em empresas industriais, comerciais e de serviços – empresas de médio e grande portes.

Por 12 anos, foi professor-adjunto no Centro Universitário Positivo (Unicenp), no Núcleo de Humanas – Administração, nas disciplinas de Gestão Contábil e de Custos. Foi também instrutor da Escola do Governo do Paraná na disciplina de Cálculos Periciais. Trabalhou como professor contratado pelo Centro de Orientação Fiscal (Cenofisco), na disciplina de Perícia.

Atualmente é consultor financeiro, perito contábil, auditor e professor. Exerce a docência na pós-graduação do Instituto Brasileiro de Pós-Graduação e Extensão (Ibpex) de Curitiba, sendo responsável pelas disciplinas Auditoria Independente, Perícia e Gestão de Custos. É também instrutor do curso de multiplicadores, realizado pela Escola Fazendária da cidade de Recife (Esafaz).

Os papéis utilizados neste livro, certificados por instituições ambientais competentes, são recicláveis, provenientes de fontes renováveis e, portanto, um meio responsável e natural de informação e conhecimento.

FSC
www.fsc.org
MISTO
Papel produzido a partir de fontes responsáveis
FSC® C103535

Impressão: Reproset
Novembro/2021